EinFach Deutsch
Unterrichtsmodell

Hermann Hesse
Unterm Rad

Erarbeitet von
Stefan Rogal

Herausgegeben von
Johannes Diekhans

Inhaltsverzeichnis

1. Hauptpersonen 6
2. Inhaltsangabe und Handlungsverlauf 8
3. Vorüberlegungen zum Einsatz der Erzählung im Unterricht/Klassenarbeiten 10
4. Hinweise zur Konzeption des Modells 13
5. Die thematischen Bausteine des Unterrichtsmodells 14

   Baustein 1: Einstieg 14
   1.1 Personen 14
   Arbeitsblatt 1: Hauptpersonen 16
   Arbeitsblatt 2: Personenkonstellation 17
   1.2 Fotografische Interpretation 15
   Arbeitsblatt 3: Fotografische Interpretation ausgewählter Textstellen aus Hermann Hesses *Unterm Rad* 21
   Arbeitsblatt 4: Fotografische Darstellung typischer Momente des heutigen Schulalltags 22
   1.3 Kerngedanken 23

   Baustein 2: Erziehung 24
   2.1 Schulische und außerschulische Erziehung 24
   2.2 Aktualität des Schul-Bildes 28
   Arbeitsblatt 5: Nicht für die Schule, sondern für das Leben... 31
   Arbeitsblatt 6: Aktualität des Schul-Bildes in *Unterm Rad* 32
   Arbeitsblatt 7: Schulstress 33

   Baustein 3: Hans' Entwicklung 34
   3.1 Kindheit 34
   3.2 Schulzeit 35
   Arbeitsblatt 8: Schulisches Zwangssystem für Hans Giebenrath .. 37
   3.3 Nach der Schulzeit 39
   3.4 Hans' Gesamtentwicklung 40
   Arbeitsblatt 9: Gefühle von Hans 43
   Arbeitsblatt 10: Die Themen der Erzählung – Bedeutungsverschiebung im Laufe eines Jahrhunderts ... 47

   Baustein 4: Weitere Analyseaspekte 49
   4.1 Gegensätze 49
   Arbeitsblatt 11: Charakterisierung der Figuren „Hans Giebenrath" und „Hermann Heilner" 51
   4.2 Tod 52
   4.3 Intention 54
   Arbeitsblatt 12: *Unterm Rad* – Hesses Intention 55
   4.4 Interpretation 56
   Arbeitsblatt 13: Interpretationsansätze zu *Unterm Rad* 58

   Baustein 5: Autobiografisches 59
   5.1 Hesses Leben und *Unterm Rad* 59
   5.2 Hermann Hesse – Dichter des „Selbst" 61
   Arbeitsblatt 14: „Ich bin *ich selbst*." 63
   Arbeitsblatt 15: Hesse-Sentenzen in ihrer Beziehung zu *Unterm Rad* 64
   Arbeitsblatt 16: *Unterm Rad* – Erzählung des „Selbst" 65

   Baustein 6: Vergleichstexte 67
   6.1 *Unterm Rad* und *Freund Hein*: Identitätskrise und Schulversagen 67
   6.2 *Unterm Rad* und *Der Schüler Gerber*: Lebenssehnsucht und Tod 69
   Arbeitsblatt 17: Typische Schul-/Unterrichtsbilder im Vergleich .. 70
   6.3 *Lehrerseufzer* 71
   6.4 Tendrjakow – *Die Nacht nach der Entlassung* 71
   Arbeitsblatt 18: *Lehrerseufzer* 72
   Arbeitsblatt 19: Tendrjakow – *Die Nacht nach der Entlassung*: Schulkritik im Vergleich 73
   Arbeitsblatt 20: Tendrjakow – *Die Nacht nach der Entlassung*: Schulkritik im Vergleich (grafische Darstellung) 74

6. **Zusatzmaterial** 76
   Z 1 *Unterm Rad* – Kerngedanken 76
   Z 2 Schule um 1900 – Latein, Strafen und Belohnungen 78
   Z 3 Schul-Arbeit 79
   Z 4 Schulstress 79
   Z 5 Spaß ist wichtiger als das dicke Geld 80
   Z 6 Hermann Hesse – Wichtige Stationen aus Leben und Werk ... 81
   Z 7 Hermann Hesse – *Kurzgefaßter Lebenslauf* 82
   Z 8 Kloster Maulbronn 83
   Z 9 Briefe aus Kloster Maulbronn 84
   Z 10 Autobiografische Spuren in *Unterm Rad* 85
   Z 11 Hermann Hesse – Dichter des „Selbst" 89
   Z 12 Emil Strauß – *Freund Hein* 90
   Z 13 Friedrich Torberg – *Der Schüler Gerber* 94
   Z 14 *Lehrerseufzer* 99
   Z 15 Wladimir Tendrjakow – *Die Nacht nach der Entlassung* .. 100

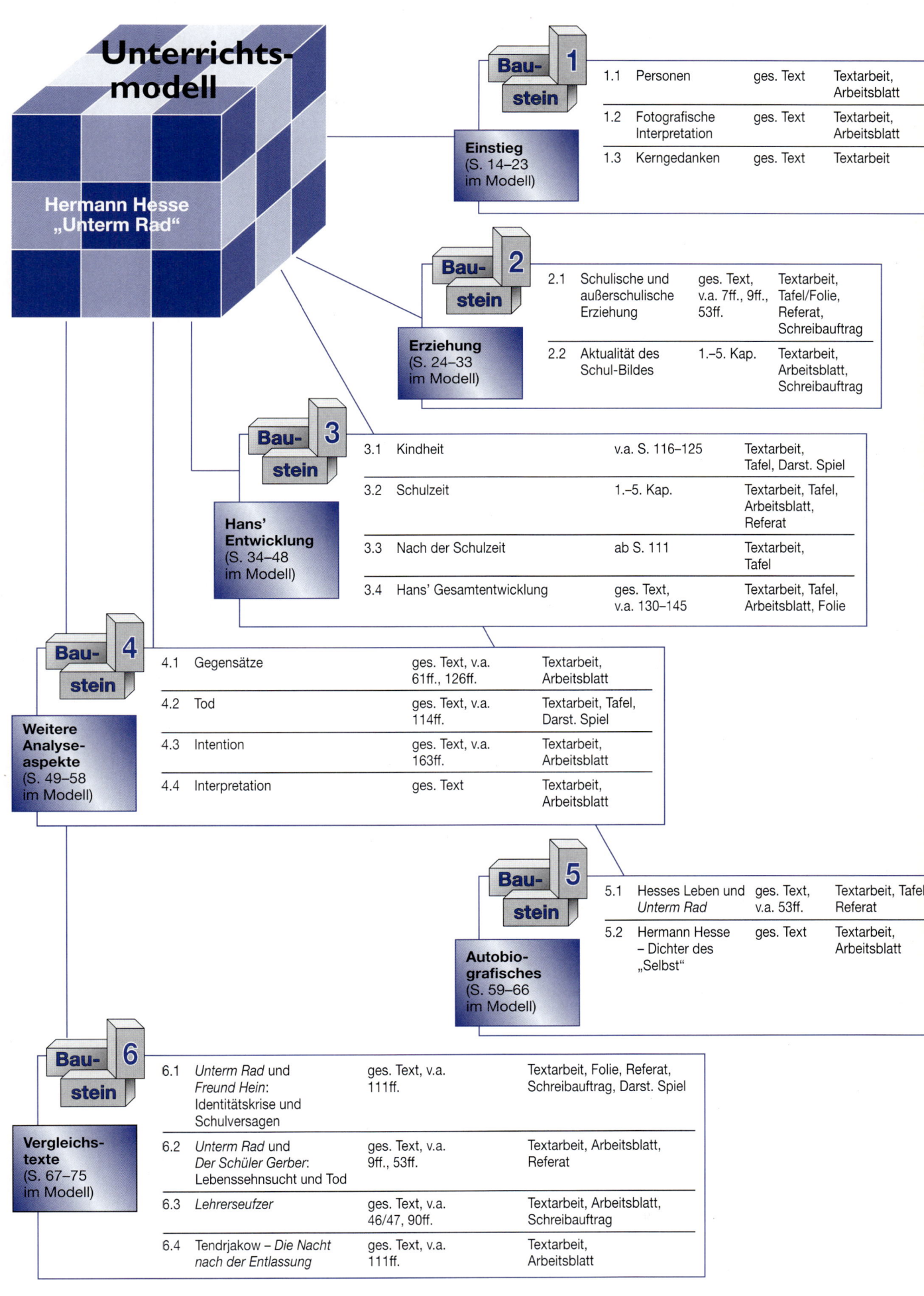

Vorwort

Der vorliegende Band ist Teil einer Reihe, die Lehrerinnen und Lehrern erprobte und an den Bedürfnissen der Schulpraxis orientierte Unterrichtsmodelle zu ausgewählten Ganzschriften und weiteren relevanten Themen des Faches Deutsch bietet.

Im Mittelpunkt der Modelle stehen Bausteine, die jeweils thematische Schwerpunkte mit entsprechenden Untergliederungen beinhalten.

In übersichtlich gestalteter Form erhält der Benutzer/die Benutzerin zunächst einen Überblick zu den im Modell ausführlich behandelten Bausteinen.

Es folgen:

- Hinweise zu den Handlungsträgern
- Zusammenfassung des Inhalts und der Handlungsstruktur
- Vorüberlegungen zum Einsatz des Buches im Unterricht
- Hinweise zur Konzeption des Modells
- Ausführliche Darstellung der einzelnen Bausteine
- Zusatzmaterialien

Ein besonderes Merkmal der Unterrichtsmodelle ist die Praxisorientierung. Enthalten sind kopierfähige Arbeitsblätter, Vorschläge für Klassen- und Kursarbeiten, Tafelbilder, konkrete Arbeitsaufträge, Projektvorschläge. Handlungsorientierte Methoden sind in gleicher Weise berücksichtigt wie eher traditionelle Verfahren der Texterschließung und -bearbeitung.

Das Bausteinprinzip ermöglicht es dabei den Benutzern, Unterrichtsreihen in unterschiedlicher Weise und mit unterschiedlichen thematischen Akzentuierungen zu konzipieren: Auf diese Weise erleichtern die Modelle die Unterrichtsvorbereitung und tragen zu einer Entlastung der Benutzer bei.

Das vorliegende Modell bezieht sich auf folgende Textausgabe: Hermann Hesse: Unterm Rad. Frankfurt/Main: Suhrkamp Verlag. ISBN: 3-518-36552-5
Aus urheberrechtlichen Gründen dürfen Texte und Zitate von Hermann Hesse nicht in reformierter Schreibung wiedergegeben werden.

© 2002 Schöningh Verlag im Westermann Schulbuchverlag GmbH

© ab 2004 Bildungshaus Schulbuchverlage
Westermann Schroedel Diesterweg Schöningh Winklers GmbH
Braunschweig, Paderborn, Darmstadt

www.schoeningh-schulbuch.de
Schöningh Verlag, Jühenplatz 1–3, 33098 Paderborn

Das Werk und seine Teile sind urheberrechtlich geschützt.
Jede Nutzung in anderen als den gesetzlich zugelassenen Fällen bedarf der vorherigen schriftlichen Einwilligung des Verlages.
Hinweis zu § 52a UrhG: Weder das Werk noch seine Teile dürfen ohne eine solche Einwilligung gescannt und in ein Netzwerk gestellt werden.
Das gilt auch für Intranets von Schulen und sonstigen Bildungseinrichtungen.

Auf verschiedenen Seiten dieses Buches befinden sich Verweise (Links) auf Internet-Adressen. Haftungshinweis: Trotz sorgfältiger inhaltlicher Kontrolle wird die Haftung für die Inhalte der externen Seiten ausgeschlossen. Für den Inhalt dieser externen Seiten sind ausschließlich deren Betreiber verantwortlich. Sollten Sie dabei auf kostenpflichtige, illegale oder anstößige Inhalte treffen, so bedauern wir dies ausdrücklich und bitten Sie, uns umgehend per E-Mail davon in Kenntnis zu setzen, damit beim Nachdruck der Verweis gelöscht wird.

Druck 6 5 4 / Jahr 2010 09 08
Die letzte Zahl bezeichnet das Jahr dieses Druckes.

Umschlaggestaltung: Jennifer Kirchhof
Druck und Bindung: AZ Druck und Datentechnik GmbH, Kempten (Allgäu)

ISBN 978-3-14-022389-8

*Echte Bildung hilft uns, unsrem Leben einen Sinn
zu geben, die Vergangenheit zu deuten,
der Zukunft in furchtloser Bereitschaft offenzustehen.*

Hermann Hesse

Hermann Hesse: Unterm Rad.
Frankfurt/Main: Suhrkamp Verlag.

Hermann Hesse: Unterm Rad

Hauptpersonen

Hans Giebenrath liebt seine Heimat und die Natur; leidenschaftlicher Angler; begabt; ehrgeizig; strebt nach Erkenntnis; Ziel: Klassenbester zu sein; stolz; arrogant; fühlt sich seinen Mitschülern überlegen; schüchtern; ängstlich; unschuldig; willenlos; unentschlossen; passiv; gefügig; lässt andere über sein Leben bestimmen; ignoriert seine Gefühle und Bedürfnisse; hinterfragt seine Ideale und Ziele nicht; sieht nach seinem Austritt aus Maulbronn keine Lebensperspektive mehr.
„Hans war ruhelos vor sich selber auf der Flucht." (148)

Joseph Giebenrath Durchschnitts- und Spießbürger; Misstrauen und Feindseligkeit gegenüber allem Außergewöhnlichen; unterwürfig; ist stolz und ehrgeizig in Bezug auf Hans; steht Hans nicht bei; begreift Hans' Entwicklung nicht.
„Also nicht wahr, du wirst deiner Familie Ehre machen? Und deinen Vorgesetzten folgsam sein?" (56)

August Hans' Schulfreund, mit dem ihn Erinnerungen an die glückliche Kindheit verbinden. Ihre Wege treffen sich erst wieder, als Hans ihn nach der Tätigkeit des Mechanikerlehrlings befragt. August zeigt sich freundschaftlich, zuversichtlich, hilfsbereit und lädt ihn zu seiner Feier ein. Er bewegt Hans dazu, die Mechanikerlehre anzutreten, und nimmt sich seiner an.
„Und überhaupt sind wir ja früher auch schon so gute Freunde gewest." (142)

Hermann Rechtenheil Bewohner des „Falken"; Waisenkind; krank; frühreif; ungewöhnlich. Hermann ähnelt Hans. Er kann in ihm die Leidenschaft fürs Angeln wecken und ist dabei ein wirklicher Lehrer für Hans.
„Hans behielt ihn noch lange in gutem Andenken." (121)

Hermann Heilner Sonderling; auffallend; Schwärmer; „Dichterjüngling"; besitzt in der Lyrik eine Ausdrucksmöglichkeit; sieht die Schönheit Maulbronns; selbstständig; frei; beweglich; leidenschaftlich; schwermütig und witzig; unruhiger, scharfer Geist; unzufrieden; starker Wille; revolutionär; verachtet (seine) Kenntnisse und die Schule; denkt über die Schule und sein Leben nach.
„Was geht uns eigentlich das alte griechische Zeug an?" (69)

Emma lebendig; lebensfroh; lustig; gesprächig; attraktiv. Emma erregt Hans zutiefst, küsst ihn, überwältigt ihn durch ihre körperlichen Annäherungen, macht sich über seine Schüchternheit lustig. Sie ignoriert seine Bedürfnisse, verschwindet so plötzlich, wie sie aufgetaucht war, und lässt ihn verzweifelt zurück.
„Sie hatte schon manchen Kuß geschmeckt und wußte in Liebessachen Bescheid." (143)

Flaig	frommer Pietist; gescheit; schlicht; sicheres Wesen; hat Hans lieb; ist ihm gegenüber besorgt und gütig; ermutigt Hans; spricht mit ihm über Glaubensfragen; relativiert die Bedeutung von Examen und Fachwissen; unterstellt Hans, Pfarrer werden zu wollen; erkennt, nicht ausreichend auf Hans eingegangen zu sein. „Dort laufen ein paar Herren [...], die haben auch mitgeholfen, ihn so weit zu bringen." (166)
Stadtpfarrer	Er setzt Hans vor dem Landexamen unter Druck. Der Stadtpfarrer ist ein „Neumodischer", für den die Theologie vor allem eine Wissenschaft ist und den Hans nicht (nur) als Prediger, sondern in erster Linie als Gelehrten bewundert. Der Stadtpfarrer gibt Hans in einer einzigen Stunde „einen ganz neuen Begriff von Lernen und Lesen" und kann ihn zu interessiertem Arbeiten motivieren; zum Glauben und Vertrauen in Gott hingegen führt er ihn nicht. „man wird schon auf ihn aufmerksam werden, und dann schadet es nichts, daß ich ihm mit den Lateinstunden beigesprungen bin" (21)
Rektor	Schulmeister, der die Aufgabe der Schule repräsentiert, aus jungen Menschen gesellschaftstaugliche Wesen zu machen. Für ihn ist Hans ein Prestigeobjekt, dem er sich in besonderem Maße widmet. Dabei überfordert er Hans noch in den Sommerferien durch schulische Arbeiten, womit er maßgeblich zu dessen Selbstentfremdung beiträgt. „Dem Rektor war es ein inniges Vergnügen gewesen, diesen von ihm geweckten, schönen Ehrgeiz zu leiten und wachsen zu sehen." (46)
Ephorus	sehr eingebildet; erträgt keinerlei Abweichungen von seiner Position. Der Ephorus ist so lange stolz auf Hans, wie dieser seinen Verpflichtungen als Musterknabe nachkommt. Er will Hans von Hermann Heilner, den er als „entartet" verurteilt, fernhalten. „Nur nicht matt werden, sonst kommt man unters Rad." (93)

Inhaltsangabe

Im Mittelpunkt der Erzählung steht Hans Giebenrath, das einzige Kind des biederen, gesunden Kleinbürgers Joseph Giebenrath und der kränklichen, früh verstorbenen Mutter. Die gute intellektuelle Begabung des körperlich eher schwächlichen Jungen erscheint in der schwäbischen Schwarzwaldkleinstadt als überdurchschnittlich. Er soll deshalb am württembergischen „Landexamen" in Stuttgart teilnehmen, mit dessen Bestehen ein Freistudienplatz im Seminar in Maulbronn und im Tübinger Stift verbunden ist; von da würde der Weg ins Pfarr- oder Lehramt führen. Diese Aussicht auf sozialen Aufstieg regt den Ehrgeiz des Vaters, der Schule und des ganzen Ortes an. Auch der Junge selbst wird vom Ehrgeiz gepackt. Der Rektor der Lateinschule und der Stadtpfarrer fördern das Kind durch zusätzliche Unterweisungen über den normalen Schulunterricht hinaus. Hans sitzt bis spät in der Nacht über den Büchern, sodass immer weniger Zeit für Spiele und Lieblingsbeschäftigungen bleibt; auch der Kontakt mit den Alters- und Spielgefährten geht verloren.

Nach dem Landexamen, das Hans als Zweitbester besteht, kann er dennoch keine unbeschwerten Ferien verbringen. Auf Anraten des Pfarrers und des Rektors lernt er schon voraus, um im Seminar möglichst der Beste zu sein. Durch Fleiß und beständige Arbeit gehört Hans auch im Seminar zunächst zur Spitze; zu seinen Mitschülern gewinnt er jedoch keinen richtigen Kontakt. Erst durch die Freundschaft mit Hermann Heilner eröffnen sich ihm Bereiche, die den Sinn der schulischen Inhalte und seines zielstrebigen Lernens in Frage stellen. Hans gerät in eine Krise, seine schulischen Leistungen sinken ab, und als der unbequeme Heilner von der Schule verwiesen wird, kann sich auch Hans nicht mehr im Seminar halten. Gesundheitlich angeschlagen, kehrt er nach knapp einjährigem Seminaraufenthalt zu seinem Vater zurück.

Damit sind nicht nur die Hoffnungen des Jungen, sondern auch die Erwartungen seines Vaters und seiner heimatlichen Förderer zerstört. Im Zustand nervlicher Überreizung und ohne Zukunftsperspektive denkt Hans an Selbstmord. Vergeblich versucht er, die ihm durch den Zwang der schulischen Höchstleistung und der väterlichen und gesellschaftlichen Erwartung verkürzte Kindheit nachzuholen. Auch die ihn erregenden und wieder auf die Zukunft verweisenden Empfindungen der ersten Liebe, die das Mädchen Emma beim herbstlichen Mosten in ihm auslöst, enden in Enttäuschung, als er feststellen muss, dass sie ihn nicht ernst nimmt. Vom Vater vor die Wahl gestellt, seinen Lebensunterhalt später als Schreiber oder als Mechaniker zu verdienen, entscheidet sich Hans für die Mechanikerlehre. Die handwerkliche Tätigkeit und die geordnete Welt im Zusammenleben mit den Mitlehrlingen und Gesellen geben Hans ein neues Gefühl der Befriedigung. Als er beim sonntäglichen Ausflug mit seinen neuen Arbeitsgefährten gegen seine Gewohnheit zu viel trinkt und raucht und den Heimweg alleine antritt, kommt er zu Hause nicht mehr an. Am andern Morgen wird seine Leiche aus dem Fluss gezogen; es bleibt offen, ob es sich um einen Unglücksfall oder um Selbstmord handelt.

Aus: Theodor Karst: Kindheit, Jugend, Schule – Zum Beispiel Hermann Hesses „Unterm Rad". In: Gerhard Haas (Hrsg.): Literatur im Unterricht. Stuttgart: Reclam 1982, S. 32/33

Handlungsverlauf

1. Kapitel
	7-8	Joseph Giebenrath
	8-9	Hans Giebenrath Ort
	9	Plan für Hans' Zukunft
	9-11	schulische Anforderungen
	11-18	Abschied Erinnerungen
	18-25	Stuttgart Landexamen
	25-29	wieder daheim Erinnerungen
	29-31	bestandenes Landexamen

2. Kapitel
	32-39	Ferien(tag)
	39-52	erneute Arbeit

3. Kapitel
	53-60	Ankunft in Maulbronn
	60-66	die erste Zeit Kameraden
	66-79	Hermann Heilner Freundschaft Strafe für Heilner/Ende der Freundschaft
	79-82	Weihnachtszeit

4. Kapitel
	83-87	Tod Hindingers
	87-91	erneute Freundschaft Leistungsabfall
	91-93	Gespräch mit Ephorus
	93-104	weiterer Leistungsabfall
	104-107	Heilner verlässt Maulbronn

5. Kapitel
	108-111	völliger Leistungsabfall Zusammenbrüche im Unterricht Hans wird nach Hause geschickt
	111-125	wieder daheim Selbstmordplan Erinnerungen an die Kindheit

6. Kapitel
	126-145	Mosten Emma Kuss weiteres Treffen mit Emma

7. Kapitel
	146-148	Hans erfährt von Emmas Abreise
	148-153	Werkstatt
	153-163	Ausflug
	163-165	Tod
	165-166	Beerdigung

Vorüberlegungen zum Einsatz der Erzählung im Unterricht

Unterm Rad erschien 1904 als Fortsetzungsroman in der Neuen Zürcher Zeitung. Der Text wird oft als „Roman" bezeichnet, jedoch soll hier – um keine Verwirrung zu stiften – die in der Suhrkamp-Ausgabe gewählte Gattungsangabe „Erzählung" verwendet werden.

Das vorliegende Unterrichtsmodell wurde für die ausgehende Sekundarstufe I entwickelt. Neben angemessenem Umfang und guter Lesbarkeit sprechen dafür vor allem die in *Unterm Rad* literarisierten Themen: z. B. Bemühungen der Schule, Wert der Schule fürs spätere Leben, Faszination von Wissen, echte Bildung, Selbstbild, Selbstbewusstsein, Erlebenswertes, Freiheit, Glück, Werte, Ideale, Sinn des Lebens.
Die Schülerinnen und Schüler haben – wie der 15-jährige Hans Giebenrath – wegweisende Entscheidungen über ihre weitere Aus-/Bildungslaufbahn zu treffen. Inwieweit sie sich mit Hans identifizieren, bleibt nebensächlich, ihre grundsätzliche existenzielle Situation ist vergleichbar.

Bei einer so offensichtlichen Attraktivität der Erzählung für den Deutschunterricht der endenden Sekundarstufe I darf ihr Anspruch keinesfalls unterschätzt werden: Wenn auch neben der Formulierung „Hypertrophie der Intelligenz als Symptom einer einsetzenden Degeneration" (8) und der Anspielung auf „Zarathustra" (8) keine weiteren Verweise auf derart komplexe Problematiken erfolgen, darf nicht ignoriert werden, dass es in *Unterm Rad* um diffizile Prozesse von Entwicklung und Personalisation geht, denen die unterrichtliche Besprechung Rechnung tragen sollte.

Die wertvollen Eindrücke der Erstlektüre können in einem Lesetagebuch festgehalten werden. Der Austausch von Lesetagebüchern wird Einsichten in Eigenarten individueller Textrezeption gewähren und kann darüber hinaus eine Grundlage für die gemeinsame Planung der Unterrichtsreihe bilden.

(Kurz-) Referate sind zu folgenden Themen denkbar: das Leben Hesses, ein Zeitbild des beginnenden 20. Jahrhunderts, die „alte" Schule, Vergleich von *Unterm Rad* mit anderen Texten Hesses (z. B. *Kinderseele*) oder mit weiteren Texten der „Schuldichtung" (z. B. Wedekinds *Frühlings Erwachen*, Thomas Manns *Schulepisode* oder Torbergs *Der Schüler Gerber*).

Ein lebendiger Eindruck vom Leben und Lernen in der „alten" Schule kann z. B. durch den Besuch eines Schulmuseums entstehen.

Hermann Hesse: Unterm Rad

Klassenarbeiten

> „Das Reich der Kindheit, eine bunte Spielwiese mit dunklen, noch unerforschten Zonen und geheimnisvollen Rändern, wird von einem zeitlichen Einschnitt scharf begrenzt: Es ist der Eintritt in die Schule."
> (Gregor-Dellin)

1. Gib *kurz* das Zitat von Gregor-Dellin in eigenen Worten wieder.
2. Beziehe das Zitat so konkret wie möglich auf *Unterm Rad*. (**Textbelege!**)
3. Inwieweit interpretiert das Zitat *Unterm Rad*?

> „Echte Bildung [...] hilft uns, unsrem Leben einen Sinn zu geben, die Vergangenheit zu deuten, der Zukunft in furchtloser Bereitschaft offenzustehen."
> (Hesse)

1. Erläutere diese Beschreibung des Begriffs „Bildung" an einem *kurzen* Beispiel: Wann ist jemand – nach Hesses Auffassung – gebildet, wann nicht?
2. Beziehe diese Bildungs-Definition so konkret wie möglich auf Hans Giebenrath. Berücksichtige dabei auch, wie Hans seine Bildung erworben hat. (**Textbelege!**)
3. Inwieweit interpretiert die oben genannte Bildungs-Definition *Unterm Rad*?

> „Lassen wir uns also weiter von diesem Frühwerk Hesses verunsichern, [...] um – durch die Betroffenheit, die dieses Buch bewirkt – auch weiterhin außerliterarische Gegenkräfte zu entwickeln."
> (Michels)

1. Inwieweit kann *Unterm Rad* Leserinnen und Leser „verunsichern" bzw. bei ihnen „Betroffenheit" auslösen? Führe Beispiele an und beziehe dich auf konkrete **Textstellen**. Was ist deiner Meinung nach unter „außerliterarische Gegenkräfte" zu verstehen?
2. Wie könnte *Unterm Rad* Lesende dazu anregen, „außerliterarische Gegenkräfte zu entwickeln"?
3. Skizziere die Bedeutung, die *Unterm Rad* für dich persönlich besitzt.

> „Das Anziehende an Hesse sei die Entdeckung des inneren Wesens, der Wert des Subjektiven, des Nach-innen-Sehens, den „anderen Teil seines Selbst" zu finden, der in dieser Kultur sehr vernachlässigt werde. Dieses subjektive, gefühlsmäßige Verstehen lasse dann die äußere Welt in einem anderen Licht erscheinen."
> (Meyer)

1. Gib *kurz* das Zitat von Meyer in eigenen Worten wieder.
2. Beziehe das Zitat so konkret wie möglich auf *Unterm Rad*. (**Textbelege!**)
3. Inwieweit stimmst du Meyers Position zu?

Hermann Hesse: Unterm Rad

> „Hat es noch Sinn, heute [...] einen Gegenstand wie diesen überhaupt aufzugreifen? Gehen uns die blassen Schülerpflänzchen von einst, die im eisigen Wind des Schulbetriebs erfroren, noch etwas an, oder wäre es nicht nachgerade an der Zeit, Bücher zu schreiben über Lehrer, die von tyrannischen Schülern zu Tode gehetzt werden?"
> (Améry)

1. Nenne Argumente dafür sowie dagegen, „einen Gegenstand wie diesen überhaupt aufzugreifen", d. h. *Unterm Rad* im Deutschunterricht zu lesen.
2. Wie ist deine persönliche Meinung zur Aktualität von *Unterm Rad*? Stütze deine Ausführungen dadurch, dass du an konkreten **Textstellen** die Aktualität bzw. die fehlende Aktualität der Erzählung beleuchtest.
3. Äußere dich *kurz* zu Amérys Frage, ob es sinnvoll sei, „Bücher zu schreiben über Lehrer, die von tyrannischen Schülern zu Tode gehetzt werden".

1. Skizziere *kurz* den Schluss von *Unterm Rad* (ab S. 163, Mitte: „Unter einem Apfelbaum ...") mit eigenen Worten.
2. Welche Gründe erachtest du als ausschlaggebend für den Tod von Hans Giebenrath? Beziehe zu den wichtigsten Gründen je einen **Textbeleg** in deine Ausführungen ein.
3. Nimm Stellung zu der Frage, ob es sich beim Tod von Hans Giebenrath um einen Unfall oder um Selbstmord handelt.

1. Skizziere *kurz* die wesentlichen Stufen der Entwicklung von Hans Giebenrath.
2. Welche Faktoren haben seine Entwicklung maßgeblich beeinflusst? Beziehe zu den wichtigsten Faktoren je einen **Textbeleg** in deine Ausführungen ein.
3. Unter welchen Bedingungen hätte Hans' Entwicklung einen positiven Verlauf genommen?

1. Charakterisiere die Figuren „Hans Giebenrath" und „Hermann Heilner" so ausführlich wie möglich. Ergänze zu den wesentlichen Charakteristika jeweils einen prägnanten **Textbeleg**.
2. Inwieweit sind Giebenrath und Heilner gegensätzliche Charaktere, inwieweit lassen sich Gemeinsamkeiten erkennen?
3. Warum stirbt Hans, während Heilner lebt?

Hinweise zur Konzeption des Modells

Baustein 1 unterbreitet Vorschläge zum Einstieg in die Erarbeitung von *Unterm Rad*. Die Schülerinnen und Schüler verdeutlichen sich die in der Erzählung dargestellten Personen sowie deren Konstellation und setzen sich mit den „Kerngedanken" des Textes auseinander. Ein besonderer Akzent liegt in der fotografischen Annäherung an die Erzählung. Eigene Fotos zu ausgewählten Textstellen verringern die eventuell vorhandene Distanz zu dem einhundert Jahre „alten" Buch, insbesondere wenn ein Vergleich zu den Fotos, die den heutigen Schulalltag zeigen, erkennen lässt, dass sich einiges nur andeutungsweise verändert hat oder ändert. In der Analyse von Fotos liegt ein konstitutives Element der Konzeption des vorliegenden Modells: Baustein 6 knüpft mit Filmbildern aus Torbergs *Der Schüler Gerber* an Baustein 1.2 an, indem ein umfassender Vergleich der Bilder motiviert wird. So lässt sich nicht zuletzt die Textlastigkeit des Unterrichts abfedern.
Selbstverständlich liegt ein Schwerpunkt des Unterrichts auf der Analyse des im Text dargestellten Schul- und Erziehungsbildes. **Baustein 2** beleuchtet die schulische wie außerschulische Erziehung des Hans Giebenrath und legt damit *einen* wichtigen Grundstein für die differenzierte Betrachtung seiner Entwicklung. Um die unmittelbare Lebenswirklichkeit der Lernenden angemessen zu würdigen, liegt es nahe, der Aktualität des in der Erzählung vermittelten Schul-Bildes Aufmerksamkeit zu schenken: Die Thematik ermöglicht engagierte, interessante und hoffentlich kontroverse Gespräche.
Im Mittelpunkt der Interpretation steht Hans' Entwicklung (**Baustein 3**). Die Stadien seiner Entwicklung bilden eine logische Gliederung der Betrachtung. Hans' fehlendes Selbstbewusstsein deutet bereits auf seinen Tod (4.2), die Gesamtinterpretation der Erzählung (4.4) sowie auf das besondere Wesen der Hesse'schen Dichtung (5.2) hin.
Baustein 4 greift exemplarisch wichtige Analyseaspekte heraus, bereitet mit Überlegungen zur möglichen Intention Hesses Baustein 5 vor und bündelt die bisherigen Analyseergebnisse zu einer Interpretation von *Unterm Rad*.
Baustein 5 zeigt – dies ist für *Unterm Rad* unabdingbar – die autobiografischen Spuren der Erzählung und weist Hermann Hesse als einen Schriftsteller aus, dem es in ganz besonderem Maße um die Darstellung und Betrachtung des „Inneren" geht. Wo immer uns Hesse begegnet – ob in Primär- oder Sekundärtexten – taucht der Begriff des „Selbst" auf.
Baustein 6 will *Unterm Rad* kontextuieren und somit Vergleichsmöglichkeiten eröffnen. Auf die Beziehung zu *Freund Hein* wird in der Literatur zu Recht hingewiesen; *Der Schüler Gerber* baut 1930 eine Brücke in die Gegenwart und *Lehrerseufzer* wie Tendrjakow erlauben aufschlussreiche Rückblicke auf *Unterm Rad*.

In der Konzeption des Modells wurde auf ein ausgewogenes Verhältnis zwischen analytischen sowie handlungs- und produktionsorientierten Deutungsverfahren Wert gelegt.

Die Reihenfolge der Bausteine ist nicht verbindlich; so könnten z. B. Teile aus den Bausteinen 5 oder 6 vorgezogen werden.

Weiteres Zusatzmaterial, insbesondere zur „alten" Schule und zu Texten der „Schulliteratur" bietet das in der Reihe *EINFACH DEUTSCH* erschienene Unterrichtsmodell zu Wedekinds *Frühlings Erwachen* (Best.-Nr. 22324-0)

Die thematischen Bausteine des Unterrichtsmodells

 *Einstieg*

1.1 ☐ Personen

Die Bezeichnung „Hauptpersonen" ist streng genommen für *Unterm Rad* irreführend. In der Erzählung gibt es nur eine einzige Hauptperson: Hans Giebenrath. Alle anderen Personen werden nur vor dem Hintergrund von Hans' Entwicklung gezeigt. Hesses Anspruch in der literarischen Gestaltung liegt darin, dass „eine einzige Person [...] in ihren Beziehungen zur Welt und zum eigenen Ich betrachtet wird" (vgl. Zusatzmaterial 11, S. 89), so auch in *Unterm Rad*. Die hier vorgeschlagene Lösung zur grafischen Darstellung der Personenkonstellation setzt demzufolge Hans in den Mittelpunkt und ordnet alle anderen Personen um ihn herum an. Ordnungskriterium ist dabei der Entwicklungsaspekt als das zentrale Thema der Erzählung: Inwieweit nehmen die Personen negativen bzw. positiven Einfluss auf Hans?

Hans ist die zentrale Person der Erzählung und steht im Mittelpunkt der erwähnten Grafik; sozial betrachtet ergibt sich ein ganz anderes Bild: Hans steht nirgendwo im Mittelpunkt, vielmehr ist er ein Außenseiter, der keine einzige durchgehend geglückte Beziehung zu einer anderen Figur aufbauen oder aufrecht erhalten kann. Eine Unterscheidung zwischen Erwachsenen und Jugendlichen ist für *Unterm Rad* wenig sinnvoll. Bis auf Flaig zeigt niemand Verständnis für Hans, und Flaig selbst ist zu schwach, als dass er Hans retten könnte.

Eine besondere Bedeutung kommt *Hermann* Heilner zu, dem *Hermann* Hesse autobiografische Züge verleiht. Entscheidend ist jedoch, dass gerade die Beziehung zu Heilner Hans' Scheitern in Maulbronn bewirkt und dass Heilner damit für Hans' Tod mitverantwortlich zu machen ist. Es wird interessant sein zu erfahren, ob die Schülerinnen und Schüler die Beziehung zwischen Hans und Hermann überhaupt als echte und gleichberechtigte Freundschaft werten.

In der Betrachtung der Personen darf *Hermann* Rechtenheil nicht unberücksichtigt bleiben. Er kann als „wahrer Lehrer" gedeutet werden, wenn es sich beim „Lehrgegenstand" auch lediglich ums Angeln handelt und wenn seine Beziehung zu Hans auch nur von relativ kurzer Dauer ist. Der „wahre Lehrer" übt zwar nachhaltigen Einfluss auf Hans aus, kann dessen Entwicklung aber nicht mehr bestimmen. Positiv ist Hans' Beziehung zu August. Es gehört andererseits zu den tragischen Aspekten der Erzählung, dass Hans gerade auf dem Heimweg von Augusts Feier den Tod findet.

Abschließend sei auf die Doppelung der Namen(steile) nur am Rande hingewiesen:

- Hermann Rechtenheil + Hermann Heilner
- Rechtenheil + Heilner
- Emma Geßler + Emma (Flaigs Nichte).

Im Zusammenhang mit den Hauptpersonen lassen sich bereits die „Kerngedanken"-Kärtchen (vgl. Zusatzmaterial 1, Seite 76ff. und Baustein 1.3, Seite 23) nutzen. Auf diese Weise können die Hauptaussagen der Erzählung einzelnen Figuren zugeordnet werden. Dabei ist grundsätzlich jede Figur mit jedem „Kerngedanken" kombinierbar, z. B.: Wie würde der Ephorus antworten auf Heilners kritische Frage: „Überhaupt was geht uns eigentlich das alte griechische Zeug an?" (69)? Es wird deutlich, dass durch diese Kombinations-Methode vielfältige Einsichten in den Text eröffnet werden, zu denen die formalen Analysekriterien vielleicht gar nicht führen würden.

1.2 ☐ Fotografische Interpretation

Die Arbeitsblätter 3 und 4 zur fotografischen Interpretation bieten eine weitere Möglichkeit zum Einstieg in die Arbeit mit *Unterm Rad*. Wie die Beispielseiten (19/20) andeutungsweise zeigen, kann die Gestaltung von Fotos die Schülerinnen und Schüler dazu anregen, den Text sehr genau zu lesen, für die Erzählung entscheidende Momente auszuwählen, beim konkreten Arrangement für jedes einzelne Foto ganz genau hinzuschauen sowie in der Weiterarbeit mit Fotos und Text exakt zu beschreiben und zu vergleichen. Hierbei geht es nicht um penible Detailgenauigkeit, sondern um das Erfassen des Sinns der *Unterm Rad*-„Szenen" bzw. „Bilder". Die Gestaltungs-/Deutungsprozesse vom Text zum Foto sollten von der Lerngruppe thematisiert werden: *Warum* wurde *was wie* dargestellt? Insbesondere die Erkenntnisse, die sich auf dem umgekehrten Weg ergeben, können aufschlussreich sein: Welche neuen Perspektiven entstehen durch die Betrachtung des Textes vor dem Hintergrund unserer Fotos?
Durch Arbeitsblatt 4 (vgl. Seite 22) gerät zusätzlich die gegenwärtige Schulwirklichkeit in den Blick: Erste Beziehungen zwischen der Schule des beginnenden 20. und des beginnenden 21. Jahrhunderts werden deutlich. Natürlich können die Fotos zur aktuellen Unterrichtssituation so gestaltet werden, dass das Trennende betont wird, oder so, dass die Gemeinsamkeiten hervortreten. Auf eine weitere Differenzierungsmöglichkeit können die Schülerinnen und Schüler aufmerksam gemacht werden: Sicherlich spielen für die Fotos Räumlichkeiten und Requisiten eine Rolle; diese können jedoch vor allem dazu genutzt werden, die „innere" Schul-/Unterrichts-/Erziehungswirklichkeit auszudrücken. Im Sinne von Hesse ist es entscheidend, das Schulerleben zu beleuchten, das des Hans Giebenrath, vor allem aber das eigene. Wenn diese Einsichten sich in der fotografischen Deutung durchsetzen würden, hätte Baustein 1.2 sein Ziel erreicht.
Die abgedruckten Beispiele entstanden aus dem Unterricht mit einer 10. Klasse; die Fotos wurden in einem Schulmuseum aufgenommen. Da die Exkursionszeit begrenzt war, wurden die Fotovorschläge von Gruppen erarbeitet (vgl. Arbeitsblatt 3, Seite 21); die Klasse wählte gemeinsam Gestaltungsideen aus und entwickelte sie weiter, so dass wir uns im Museum auf die konkrete Umsetzung konzentrieren konnten, von der sich niemand ausgeschlossen fühlen musste. Wer so vorgehen möchte, kann die ausgefüllten Arbeitsblätter auf Folien fotokopieren. Nicht unerwähnt bleiben darf, dass eine solche Arbeit viel Spaß machen kann. In die Unterrichtsreihe fließen eigene Materialien ein, der reinen Textarbeit wird ein Gegengewicht gesetzt, neben analytischen finden auch handlungs- und produktionsorientierte Interpretationsverfahren ihren Einsatz und im Falle einer Exkursion wird auch endlich einmal das Klassenzimmer verlassen.

(weiter S. 18)

Hauptpersonen

Baustein 1
Arbeitsblatt 1

❏ *Charakterisiere die unten genannten Hauptpersonen aus* Unterm Rad *stichwortartig. Ergänze jeweils einen ihr Wesen spiegelnden Textbeleg.*

Hans Giebenrath

Joseph Giebenrath

August

Hermann Rechtenheil

Hermann Heilner

Emma

Flaig

Stadtpfarrer

Rektor

Ephorus

Personenkonstellation

Baustein 1 – Arbeitsblatt 2

❏ *Entwirf eine Strukturskizze zur Personenkonstellation von* Unterm Rad. *Überlege dir dazu, nach welchem inhaltlichen Kriterium du die Personen anordnen möchtest. Achte darauf, dass (möglichst) alle Hauptpersonen berücksichtigt werden und dass die Skizze übersichtlich bleibt.*

❏ *Selbstverständlich kannst du weitere als die nachstehend genannten Personen aus der Erzählung aufnehmen.*

Joseph Giebenrath	Hans Giebenrath	Flaig	Stadtpfarrer
August	Rektor	Hermann Heilner	Ephorus
H. Rechtenheil	Emma	...	...

Baustein 1: Einstieg

Lösungsvorschlag Personenkonstellation

Einfluss auf Hans positiv				
⇑⇑⇑		**August** Freund bis zu Hans' letztem Tag; akzeptiert ihn so, wie er ist		
⇑⇑	**Flaig** wohlwollender Erwachsener; kaum Einfluss auf Hans' Entwicklung		**Hermann Rechtenheil** Freund und „Lehrer"; bereits gestorben	
⇕	**Hermann Heilner** nutzt Hans aus und verlässt ihn	**Hans Giebenrath**		**Emma** nutzt Hans aus und verlässt ihn
⇓⇓		**Rektor** weckt Hans' Ehrgeiz; überfordert ihn in den Ferien	**Stadtpfarrer** setzt Hans im Hinblick auf das Landexamen unter Druck	
⇓⇓⇓		**Ephorus** trägt die Hauptverantwortung für Hans' Seminaraustritt und dessen Folgen		
⇓⇓⇓⇓ negativ		**Joseph Giebenrath** sein blinder Ehrgeiz/Stolz treiben Hans in den Tod		

Der folgende Arbeitsauftrag bezieht sich auf die Betrachtung, Analyse und Interpretation eigener Fotos zu *Unterm Rad*. Ausgewählte Fotos können als Dias, per Folie oder Epidiaskop projiziert bzw. (vergrößert) fotokopiert werden.

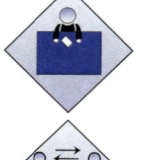

❐ *Schaut euch das Foto in Ruhe an. Achtet dabei auf alle Einzelheiten.
Beschreibt das Foto detailliert.
Welche Stimmung vermittelt das Bild?
Warum wurde was wie dargestellt?
Inwieweit gibt das Foto einen Moment der Erzählung textgetreu wieder?
Wo bestehen Differenzen zwischen Text und Foto?*

Fotografische Interpretation ausgewählter Textstellen aus Hermann Hesses *Unterm Rad* – Beispiel

„Von zehn Uhr an wurde es schwül und heiß im Saal. Hans hatte keine gute Schreibfeder und verdarb zwei Bogen Papier, bis die griechische Arbeit ins reine geschrieben war." (23)

„Beim Aufsatz kam er in die größte Not durch einen dreisten Nebensitzer, der ihm ein Blatt Papier mit einer Frage zuschob und ihn durch Rippenstöße zum Antworten drängte. Der Verkehr mit den Banknachbarn war aufs allerstrengste verboten und zog unerbittlich den Ausschluß vom Examen nach sich. Zitternd vor Furcht, schrieb er auf den Zettel: ‚Laß mich in Ruhe' und wandte dem Frager den Rücken." (23)

„er konnte vor Leid und Angst und Schwindel kaum mehr aus den Augen sehen. Zehn Minuten lang saß er vor drei Herren an einem großen, grünen Tisch, übersetzte ein paar lateinische Sätze und gab auf die gestellten Fragen Antwort." (24)

Baustein 1:Einstieg

„alsbald waren beide Gegner leidenschaftlich und unlöslich verknäuelt und verbissen und trieben [...] auf dem Boden, beide wortlos, keuchend, sprudelnd und schäumend." (70)

„So ist's gut, so ist's recht, mein Lieber. Nur nicht matt werden, sonst kommt man unters Rad." (93)

„Tags darauf wurde er in der Mathematikstunde aufgefordert, an der Wandtafel eine geometrische Figur zu zeichnen und den Beweis dazu zu führen. Er trat heraus, aber vor der Tafel wurde ihm schwindlig; er fuhr mit Kreide und Lineal sinnlos in der Fläche herum, ließ beides fallen, und als er sich danach bückte, blieb er selber am Boden knien und konnte nicht wieder aufstehen." (110)

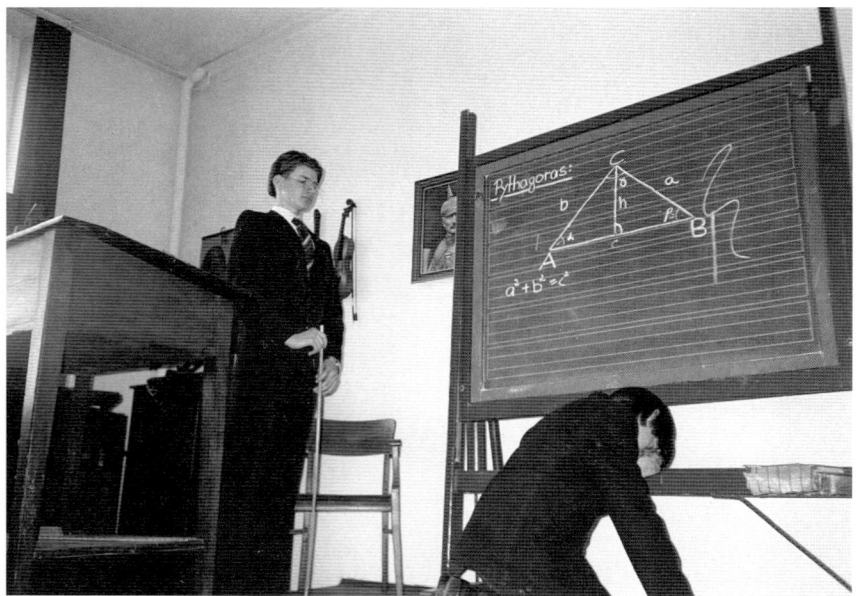

Fotografische Interpretation ausgewählter Textstellen aus Hermann Hesses *Unterm Rad*

Baustein 1
Arbeitsblatt 3

1. Welche Textstelle soll fotografisch umgesetzt werden? *(mit Zitat /Seitenangabe)*

2. Was genau wird auf dem Foto zu sehen sein? *(exakte Beschreibung)*

3. Welche Personen/Requisiten/Räumlichkeiten werden benötigt?

4. Was soll das Foto ausdrücken?

5. Welche anderen Inhalte aus *Unterm Rad* sind für das Foto von Bedeutung? *(Stichworte)*

Fotografische Darstellung typischer Momente des heutigen Schulalltags

Baustein 1
Arbeitsblatt 4

1. Was genau wird auf dem Foto zu sehen sein? (Bildbeschreibung)

2. Welche „Figuren"/Requisiten/Räumlichkeiten werden benötigt?

3. Was soll das Foto ausdrücken?

4. Formuliere einen kurzen Text, der dem Foto beigefügt werden soll und den Bezug zu Unterm Rad *herstellt*.

1.3 ☐ Kerngedanken

Die „Kerngedanken" aus *Unterm Rad* (Zusatzmaterial 1, Seite 76f.) lassen sich unterrichtlich vielfältig einsetzen. Nach dem Laminieren bzw. Kopieren und Ausschneiden kann jede/r Schüler/in ein Kärtchen ziehen und unter verschiedenen Gesichtspunkten kommentieren. Dabei kann es um das Textverständnis, um die Gliederung der Erzählung, um das Herausarbeiten von Problemakzenten, um eine vorläufige Bewertung der Aktualität oder um die gemeinsame Unterrichtsplanung gehen. Vielleicht tragen die Kärtchen auch nur dazu bei, in ein erstes Gespräch über *Unterm Rad* hineinzufinden. Alle Möglichkeiten der Gestaltung von Wandplakaten stehen offen, was den Vorzug der „Präsenz" der Hauptgedanken während des Verlaufs der Reihe bietet. Die Schülerinnen und Schüler können immer wieder prüfen, inwieweit ihre Interpretationsansätze die Kerngedanken berücksichtigen; so werden Deutungen, die am Text vorbeigehen, vermieden.

Die Kerngedanken können darüber hinaus zu verschiedenen Vergleichen herangezogen werden, z. B. mit
- anderen Texten Hesses
- Hesse-Sentenzen (vgl. Arbeitsblatt 15, Seite 64)
- weiteren Sentenzen von anderen Autoren (vgl. Arbeitsblatt 16, Seite 65)
- Kerngedanken aus anderen Texten der „Schulliteratur" (vgl. das Unterrichtsmodell zu *Frühlings Erwachen*, Seite 89ff.)
- Überlegungen zur möglichen Intention (vgl. Arbeitsblatt 12, Seite 55)
- Interpretationsansätzen zu *Unterm Rad* (vgl. Arbeitsblatt 13, Seite 58).

Wer die Arbeit mit vorgegebenen Kerngedanken ablehnt, kann natürlich den Schülerinnen und Schülern die Auswahl überlassen; dabei sollten der zeitliche Aspekt sowie die Problematik der Einigung auf diejenigen Gedanken beachtet werden, mit denen dann die Weiterarbeit erfolgt.

Der folgende Arbeitsauftrag bezieht sich auf Zusatzmaterial 1 (vgl. S. 76f.).

☐ *Ziehe ein Kärtchen; es enthält einen „Kerngedanken" aus* Unterm Rad. *Kommentiere diesen Gedanken unter Berücksichtigung folgender Aspekte:*
   1. *An welcher Stelle des Handlungsverlaufs taucht dieser Gedanke auf?*
   2. *Welchem grundsätzlichen Problembereich der Erzählung ist der Gedanke zuzuordnen?*
   3. *Formuliere deine persönliche Bewertung dieses Gedankens bzw. des dahinter stehenden Erzählungsinhalts.*

Notizen

_____
_____
_____
_____
_____

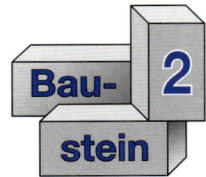

Erziehung

2.1 ☐ Schulische und außerschulische Erziehung

Unterm Rad stellt die Entwicklung von Hans Giebenrath dar. Baustein 3 widmet sich den Stufen sowie der Gesamtbetrachtung dieser Entwicklung. Schulische wie außerschulische Erziehung (Baustein 2) beeinflussen Hans' Lebensweg in entscheidender Weise. Schon auf der ersten Seite erfahren wir, dass Herr Giebenrath voller „Stolz auf seinen eigenen Sohn" (7) ist, natürlich aufgrund von Hans' überragenden Schulleistungen; auf der letzten Seite äußert Flaig den zutreffenden Verdacht „Dort laufen ein paar Herren [...] die haben auch mitgeholfen, ihn so weit zu bringen." (166) Die Schule bildet einen Rahmen für das erzählte Geschehen und beeinträchtigt Hans' Schicksal mehr als alles andere.

Mit diesem Thema steht *Unterm Rad* in der Tradition der sog. „Schulliteratur" oder „Schuldichtung"; dazu zählen neben vielen anderen Texten z. B.
- Frank Wedekinds *Frühlings Erwachen* (1891)
- Thomas Manns *Schulepisode* aus den *Buddenbrooks* (1901)
- Emil Strauß' *Freund Hein* (1902)
- Friedrich Torbergs *Der Schüler Gerber* (1930).

Ein wesentliches Kennzeichen der Schulliteratur ist, dass die Schule nie den einzig belastenden Faktor im Leben der/des jungen Menschen darstellt. Schulische wie außerschulische Erziehung bilden gemeinsam mit anderen gesellschaftlichen Institutionen wie z. B. der Kirche ein in sich geschlossenes System, das den Protagonisten belastet und schließlich in den Tod treibt.

Natürlich stellt sich die Frage nach der Gewichtung von autobiografischen Spuren und Fiktion, von Erlebtem und Erdachtem, von Wirklichkeitstreue und dichterischer Gestaltung. Im Bereich der Schulliteratur gibt jedoch die weit reichende Übereinstimmung der gezeichneten Schulbilder – eine verblüffende Einigkeit selbst in kleinsten Details – zu denken. Die Reaktion der Lehrer überrascht daher nicht: „Obwohl Hesse für die Buchausgabe einige aggressive Formulierungen zurückgenommen und seine unversöhnliche Haltung etwas gemildert hatte (V. Michels bezeichnet den in der ‚Neuen Zürcher Zeitung' vorabgedruckten Text als „Urfassung"), führte das Werk bei seinem Erscheinen zu heftigen Protesten der württembergischen Lehrer, und der Abdruck des Textes im konservativen ‚Merkur' wurde nach wenigen Folgen eingestellt" (Kindlers Neues Literatur Lexikon, 1988-92, Kindler Verlag, Bd. 7, S. 805/806, Auszug).

Hesses „Definition" echter Bildung (vgl. Seite 5) ist aus pädagogischer Perspektive äußerst modern, vielleicht sollte man besser das Wort „zeitlos" verwenden. *Unterm Rad* illustriert anschaulich, dass die Verschiebung von Wissen nichts mit Bildung zu tun hat und dass, wer die Persönlichkeit von Lernenden und ihre sozialen Bindungen ignoriert, großes Unheil anrichten kann. Nicht erst hier sind Überleitungen zur Aktualität des in *Unterm Rad* entfalteten Schul-Bildes (Baustein 2.2) möglich.

Die Erzählung enthält differenzierte Angaben zu Unterrichtsfächern, Lern- bzw. Lehrinhalten sowie verschiedenen Haltungen dazu. Eine Analyse des Schul-Bildes kann diese Angaben zugrunde legen und auf ihre Bedeutung für das Schulerleben und die Entwicklung von Hans Giebenrath hin beleuchten:

- **Griechisch**: Homer: „wird dir [...] eine neue Welt erschließen" (48)
- **Latein**: Stil/prosodische Feinheiten: „diese Sprache ist klar, sicher, eindeutig und kennt fast gar keine Zweifel" (50)
- **Religion**: Brenzischer Katechismus: „erfrischender Hauch religiösen Lebens" (10)
- **Mathematik**: komplizierte Schlussrechnungen: „bilden die logischen Fähigkeiten aus und sind die Grundlage alles klaren, nüchternen und erfolgreichen Denkens" (10)
- **Deutsch(er Aufsatz)**: heikles, missverständliches Aufsatzthema: „es ging die Sage, er habe seinen Aufsatz im Landexamen in Hexametern abgefaßt" (61)
- **Hebräisch**: Grammatik: „Auch wird dich im Seminar zunächst das Hebräische vielleicht zu einseitig in Anspruch nehmen." (41)
- **Musik**: Violine: „Die Musik war [...] im späteren Leben von Nutzen und machte ihren Mann beliebt und angenehm" (63)
- **Geografie**: „Die Westküste der Pyrenäischen Halbinsel war zu einem grotesken Profil ausgezogen, worin die Nase von Porto bis Lissabon reichte ..." (75)
- **Geschichte**: Namen und Zahlen zu Helden: „hörten allmählich die Helden auf, Namen und Zahlen zu sein, und blickten aus nahen, glühenden Augen ..." (94)

Um die inhaltliche Vielfalt des Bausteins 2.1 abzudecken und andererseits im zeitlichen Rahmen zu bleiben, können Referate, z. B. zu den zuvor genannten Texten, gehalten werden. Die Schülerinnen und Schüler werden lernen, motivgleiche Beispiele aus der Literatur selbstständig zu erschließen, der Klasse zu präsentieren und Vergleiche mit *Unterm Rad* durchzuführen.

Vergleichstexte zur Thematik bietet Baustein 6 (vgl. Zusatzmaterialien 12ff., Seite 90ff.). Weitere Materialien finden sich in der Reihe *EINFACH DEUTSCH* in Textausgabe wie Unterrichtsmodell zu Wedekinds *Frühlings Erwachen*.

- Analysiere die Seiten 46/47 und 90 im Hinblick auf das Lehrerbild. Beziehe auch weitere Darstellungen von Lehrenden ein.
  Fasse stichwortartig zusammen, was für ein Bild *Unterm Rad* vom damaligen Lehrer gibt.
- Inwieweit tauchen in der Erzählung auch „Lehrer" im positiven Sinne auf? Nenne Textbelege.
- Welcher Zusammenhang besteht zwischen den beschriebenen Lehrern und der Entwicklung von Hans?

Das Bild des Lehrers in *Unterm Rad*

Der Schulmeister		Der wahre Lehrer
bekämpft/bestraft	verlangt/„erzieht"	= Hermann Rechtenheil (120/121)
• Spielen	• Ehrgeiz/Leistungen	• weckt dauerhafte Leidenschaft
• Natürliches	• gesellschaftlich Erwünschtes	• vermittelt brauchbare Kenntnisse
• leben/Jugend	• Anpassung	• kann Beispiele geben
• Störungen	• Gehorsam	• kann überzeugen
• emotionale Bedürfnisse	• brave Staatsbürger	• ...
• ...	• ...	
⇓		⇓
kann den Schüler in den Tod treiben (vgl. 166)		kann in guter Erinnerung bleiben

Baustein 2: Erziehung

❏ *Verfasse einen inneren Monolog. Nach seinem Austritt aus Maulbronn erinnert Hans sich an seine Lehrer und an Hermann Rechtenheil und überlegt, was er von ihnen gelernt hat und welche Bedeutung dieses Wissen für sein Leben besitzt.*

❏ *Wie wird die Schule in* Unterm Rad *dargestellt? Nenne wenigstens zehn Aspekte, ggf. unter Angabe eines Textverweises (Seitenzahl).*

❏ *Welches war das Hauptziel der damaligen Schule? Begründe deine Position am Text.*

❏ *Inwieweit verdeutlicht die Erzählung Konsequenzen aus der schulischen Unterrichts-/Erziehungspraxis für das Verhalten und die Entwicklung der Schüler? Nenne konkrete Beispiele.*

Das Bild der Schule in *Unterm Rad*

- „Den Wohltaten, welche der Staat seinen Zöglingen erweist, muß eine scharfe, strenge Zucht entsprechen" (79)
- will alle nicht ihren Zwecken zustimmenden Persönlichkeiten mit Gewalt anpassen
- der Lehrstoff ist „scheinbar ohne Wert fürs spätere Studium und Leben" (10)
- zeigt den Schülern ein ausschließlich fachlich bestimmtes Lebensziel
- bereitet die Schüler auf die „Zucht der Kaserne" vor (47)
- zwingt den Lehrstoff auf („Nürnberger Trichter"*, 57)
- muss tüchtige Staatsbürger/-diener hervorbringen
- bietet den Schülern ein „Scheinleben" (53)
- betreibt eine strenge Auslese der Schüler
- kämpft gegen alles Natürliche
- bleibt „weltfern" (54)
- ...

⇓

„Hans war ruhelos vor sich selber auf der Flucht." (148)

❏ *Analysiere die im Text dargestellten Erziehungssituationen: Lateinschule (9ff.), Maulbronn (53ff.) sowie Hans' Erziehung durch seinen Vater (7ff.).
Skizziere (mit eigenen Stich-/Worten) das Bild, das* Unterm Rad *von der damaligen Erziehung zeichnet. Dabei sollte sowohl die schulische als auch die außerschulische Erziehung berücksichtigt werden.*

❏ *Wie lässt sich die in der Erzählung dargestellte Erziehung zusammenfassend charakterisieren?*

❏ *Welche Haltungen gegenüber einer solchen Erziehung werden im Text angedeutet?*

---

* = Nürnberger Trichter: Auf G. Ph. Harsdörffer zurückgehende Bezeichnung für ein Lehrverfahren, das auf das rein Gedächtnismäßige ausgerichtet ist und mit dem man auch dem Dümmsten Wissen vermitteln können soll.

Das Bild der Erziehung in *Unterm Rad*

- Vergnügungen werden verboten (15)
- „Erziehung" schafft die Bedingungen für konzentriertes und effizientes Lernen (17)
- Ehrgeiz wird gefördert (46)
- Erziehung zum Staatsbürger (46)
- „Nötigung zur Selbsterziehung" (54)
- Verpflichtung, dem Ansehen der Familie zu dienen und den Lehrern zu gehorchen (56)
- Karzerstrafen in der Schule (78)
- Kontrolle freundschaftlicher Beziehungen; Verbot solcher, bei denen „schlechter Einfluß" befürchtet wird (93)
- Einschränkung des Freiraums (117)
- Prügelstrafe in der Familie (vgl. 164)
- ...

extrem autoritäre Erziehung

⇓   ⇓   ⇓

Versuch der bedingungslosen Anpassung Scheitern/Tod (Hans)   Rebellion dagegen Erfolg/Leben (Heilner)   (Mitschüler)

❐ *Unterm Rad* benennt eine Reihe von Unterrichtsfächern und Lerninhalten. Trage diese zusammen (vgl. S. 9ff., 40ff., 61ff.).

❐ Daneben deutet die Erzählung – oft nur indirekt – zahlreiche Aufgaben an, die ein junger Mensch in seiner Persönlichkeitsentwicklung bewältigen muss. Trage auch diese zusammen und stelle sie den Unterrichtsfächern/Lerninhalten gegenüber.

❐ Welche Konsequenzen lassen sich aus der Gegenüberstellung ziehen?

Unterrichtsfächer und Entwicklungsaufgaben für Hans

- Griechisch
- Latein
- Religion
- Mathematik
- Deutsch(er Aufsatz)
- Hebräisch
- Musik
- Geografie
- Geschichte
- ...
- ...

- Unabhängigkeit vom Vater
- Wahl eines Berufsziels
- kritische Haltung zur Schule
- Abschließen der Kindheit
- Position zu Glaubensfragen
- Erkennen echter Freundschaft(en)
- Einschätzung eigener Leistungsfähigkeit
- Klärung persönlicher Ideale/Ziele
- Selbstbewusstsein in Liebesbeziehungen
- Distanzierung von Forderungen anderer

Die Schule ist für Hans „ohne Wert fürs spätere Studium und Leben" (10)

Baustein 2: Erziehung

❐ *Der Ephorus sucht dringend neue Lehrer und gibt eine umfangreiche Zeitungsanzeige auf. Formuliere diese Annonce, in der die Schule beschrieben wird (Erziehungsziele, Lernvorstellungen, Kollegium, Atmosphäre, Räumlichkeiten ...).*
Achte darauf, dass trotz des werbenden Charakters der Anzeige die Realität Maulbronns nicht verfälscht werden darf.

Der folgende Schreibauftrag sollte bewusst offen bleiben, um die Kreativität der Schülerinnen und Schüler nicht einzuschränken:

❐ *Wie würde Hans' Entwicklung heute aussehen?*
Verdeutliche dir zunächst Hans' Persönlichkeitsmerkmale sowie die Bedingungen der damaligen/heutigen Schule bzw. Gesellschaft.
Entscheide dich auf der Grundlage dieser Vorüberlegungen für eine plausible Lösungsvariante und lass dann deiner Fantasie freien Lauf (z. B.: Hans findet via Internet einen Chat-Partner, dem er erklären möchte, warum er ...).

2.2 ❐ Aktualität des Schul-Bildes

„Gibt es noch Schultyrannen wie jenen ‚Unrat'? Gibt es noch Lehrer an Höheren Schulen wie die Professoren Fliegentod und Sonnenstich in Wedekinds *Frühlings Erwachen*? Existieren noch Typen wie der Gymnasialdirektor Wulicke bei Thomas Mann, der Schüler und junge Studienassessoren erbeben machte, ja imstande war, sie vollkommen zu zerstören? Hat es noch Sinn, heute [...] einen Gegenstand wie diesen überhaupt aufzugreifen? Gehen uns die blassen Schülerpflänzchen von einst, die im eisigen Wind des Schulbetriebs erfroren, noch etwas an, oder wäre es nicht nachgerade an der Zeit, Bücher zu schreiben über Lehrer, die von tyrannischen Schülern zu Tode gehetzt werden?" (Améry: Bücher aus der Jugend unseres Jahrhunderts, 1981, S. 51/52)
Amérys Fragen deuten auf entscheidende Aspekte in der Beurteilung der Aktualität des Schul-Bildes in *Unterm Rad*. Sicherlich existieren Lehrer und Lehrerinnen, die von Schülern und Schülerinnen tyrannisiert werden, wie es umgekehrt nicht zu leugnen ist, dass Unterrichtende Lernenden das Leben schwer machen können. Verbirgt sich dahinter nicht aber das gleiche Prinzip: Machtkämpfe in der Schule? Eine noch grundsätzlichere Betrachtung ist möglich: Sind nicht Machtkämpfe in der Schule Machtkämpfe in der Gesellschaft?

Aufgrund der besonderen Affinität der Lernenden zu den Themen Schule, Unterricht und Erziehung sollte die Erörterung der Aktualität des Schul-Bildes in *Unterm Rad* nicht zu kurz kommen. Meine Beurteilung dieser Frage hängt davon ab, wie differenziert ich mich auf die Problematik einlasse. Natürlich hat sich in einhundert Jahren vieles verändert. Die „alte" Schule, wie sie uns die Schulliteratur zeigt, existiert nicht mehr. Wir leben/lernen (und unterrichten) in einer „neuen" Schule. Doch: Wie „neu" ist die „neue" Schule? Wie sieht es z. B. mit Machtkämpfen aus? Inwieweit ist die Anhäufung von Wissen das Hauptziel der Schule und des Unterrichts geblieben? Wie sehr ignoriert die Schule nach wie vor die Aus-/Bildung der Selbst- und Sozialkompetenz der einzelnen Schülerin und des einzelnen Schülers?
Interessante Aufschlüsse kann ein Vergleich der Ergebnisse des Arbeitsblattes 5 (Seite 31) mit dem Tafelbild auf Seite 27 liefern: Keine der im Tafelbild genannten Entwicklungsaufgaben hat auch nur im Geringsten ihre Aktualität verloren.

Baustein 2: Erziehung

Insgesamt geht es in der Bewertung der Frage „Ist das Schul-Bild in *Unterm Rad* heute noch aktuell?" weniger um ein klares „Ja" oder „Nein"; im Vordergrund sollte die eingehende Auseinandersetzung mit der Problematik stehen, welche nicht an der Oberfläche bleiben darf. Auf dieser Grundlage erhält die Analyse der Entwicklung von Hans (Baustein 3) einen anderen Stellenwert: Die persönliche Relevanz wird für die Schülerinnen und Schüler erkennbar.

Der folgende Arbeitsauftrag kann für die Aktualität der Schülerselbstmord-Thematik sensibilisieren.

> „Seit Jahrzehnten hat Japan die meisten Schülerselbstmorde der Welt, und seit Jahrzehnten erlebt Hermann Hesses *Unterm Rad* dort Auflagen wie in keinem anderen Land der Erde, Auflagen, mehr als zehnmal so hoch wie in der deutschen Originalausgabe." (Michels)

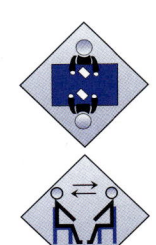

- Äußere dich zum Zusammenhang zwischen Schülerselbstmorden (in Japan) und der Höhe der *Unterm Rad*-Auflage; inwieweit siehst du hier eine direkte Beziehung?
- Warum sollte in einem Land mit vielen Schülerselbstmorden *Unterm Rad* im Unterricht gelesen werden? Warum nicht?
  Begründe deine Position auch unter Berücksichtigung von Überlegungen zu Hesses möglicher Intention.

Das in *Unterm Rad* entfaltete Schul-Bild ist ein Jahrhundert alt. Es sollte jedoch keinesfalls vorschnell als für die heutige Wirklichkeit bedeutungslos eingeschätzt werden. Der nachstehende Impuls kann einseitige Positionen abfedern.

„Schule und Unterricht funktionieren noch heute unverändert nach denselben Strukturen, und zwar im wahrsten Sinne des Wortes." (Wolff zu *Unterm Rad*)

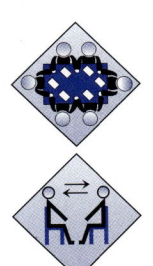

- Führt in der Klasse eine Pro-Contra-Diskussion. Bildet dazu zwei Gruppen: Befürworter der These von Wolff – Gegner der These von Wolff.
  Verdeutlicht euch zunächst, welche „Strukturen" gemeint sein können und warum Wolff eine Betonung auf „funktionieren" legt.
  Tragt Argumente zusammen, die belegen bzw. widerlegen, dass Schule und Unterricht heute immer noch grundsätzlich so funktionieren, wie es in Unterm Rad *angedeutet wird.*
- Welches Fazit lässt sich aus der Diskussion ableiten?

Der folgende Arbeitsauftrag bezieht sich auf Zusatzmaterial 3 (vgl. S. 79). Bezüglich des Textaspekts der schulischen Arbeitsbelastung könnten die Schülerinnen und Schüler mehr oder weniger große Gemeinsamkeiten zwischen sich und Hans Giebenrath erkennen.

- Wie bewertest du den Text „Schul-Arbeit" aus der österreichischen Zeitschrift *profil extra*?
  Ist der Vergleich völlig an den Haaren herbeigezogen oder verweist er auf die tatsächliche Arbeitsbelastung heutiger Schülerinnen und Schüler?
  Begründe deine Position durch eigene Erfahrungen.
- Vergleiche die Darstellung des Problems „Schul-Arbeit" in der stark autobiografisch gefärbten Erzählung *Unterm Rad* mit der heutigen Situation.

29

Baustein 2: Erziehung

Die folgenden Arbeitsaufträge beziehen sich auf Zusatzmaterial 5 (vgl. S. 80). Ausgehend von den hier motivierten Überlegungen kann die abschließende Bewertung der Aktualität des Schul-Bildes in *Unterm Rad* (vgl. Arbeitsblatt 6, Seite 32) vorbereitet werden.

- Fasse kurz die deiner Meinung nach wichtigsten Aussagen des Zeitungsartikels zusammen.
- Wie sieht deine eigene Einschätzung bisheriger Schulerfahrung aus? Bring sie in wenigen Sätzen auf den Punkt.

- Wie hätte sich Hans Giebenrath auf die Frage nach seinen Schulerfahrungen geäußert? Berücksichtige verschiedene Zeitpunkte seiner Entwicklung.

- Formuliert (in Anlehnung an das „Porträt der Abiturienten") ein Porträt eurer Klasse, in dem (konträre) Haltungen zu schulischen/erzieherischen Fragen zum Ausdruck kommen.
- Dazu ist es erforderlich, gemeinsam aktuelle Probleme auszuwählen und zu benennen, die je individuelle Haltung dazu zu klären und exakt sowie prägnant zu versprachlichen.

- In einer „Redaktionskonferenz" werden die Positionen gesichtet, sortiert und auf ihre Verwendbarkeit für einen interessanten und nicht zu langen Beitrag geprüft, der vielleicht in der nächsten Ausgabe der Schulzeitung veröffentlicht werden kann.

Notizen

Baustein 2
Arbeitsblatt 5

Nicht für die Schule, sondern für das Leben ...

"Man fühlte sich vom Lehrstoff der Schulen und Universität betrogen, der zu den Entscheidungen des Tages in keinem Verhältnis stand. Dies sei die Situation, die sich beispielsweise auch in Unterm Rad *wiederfinde." (Meyer)*

Fächer:	Inhalte:	Eigene Interessen, Probleme etc.:
Biologie	_____	
Chemie	_____	
Deutsch	_____	
Englisch	_____	_____
Erdkunde	_____	
Französisch	_____	
Geschichte	_____	
Kunst	_____	_____
Latein	_____	
Mathematik	_____	
Musik	_____	
Physik	_____	
Politik	_____	
Religion	_____	
Sport	_____	
weitere Fächer, AGs etc.:		_____
_____	_____	
_____	_____	
_____	_____	

1. *Streiche in der linken Spalte die Fächer, in denen du zur Zeit nicht unterrichtet wirst; ergänze ggf. unten deine Fächer dieses Schuljahres, die oben nicht angegeben sind.*
2. *Benenne zu jedem deiner gegenwärtigen Unterrichtsfächer stichwortartig denjenigen Inhalt (Lehrstoff), der zur Zeit behandelt wird.*
3. *Notiere in die rechte Spalte stichwortartig deine (fünf) wichtigsten Interessen, Probleme bzw. „Entscheidungen des Tages" (vgl. obiges Zitat). Hier soll aufgeführt werden, was dir zur Zeit wirklich wichtig ist.*
4. *Vergleiche nun die mittlere mit der rechten Spalte. Du kannst (farbige) Markierungen/Verbindungslinien und/oder Symbole für Übereinstimmungen bzw. Widersprüche eintragen. Wie bewertest du die Darstellung?*
5. *Nimm Stellung zum Zitat von Meyer; gehe dabei auch auf die mögliche Aktualität von* Unterm Rad *ein.*

Baustein 2
Arbeitsblatt 6

Aktualität des Schul-Bildes in *Unterm Rad*

- Bewerte die Aktualität des Schul-Bildes der Erzählung dadurch, dass du zu den genannten Kriterien je eine stichwortartige Notiz für *Unterm Rad* wie für deine gegenwärtig erlebte Schul-/Unterrichtswirklichkeit einträgst.
  Du kannst weitere wichtige Kriterien ergänzen.
- Als wie bedeutend erachtest du jeweils die Differenzen?
- Formuliere ein Fazit zur Aktualität des Textes?

	Unterm Rad	heute
Aufgabe der Schule		
Lehrerverhalten		
Menge des Lehrstoffs		
Art der Lerninhalte		
Lehr-/Lernmethoden		
Bedeutung von Prüfungen		
Beziehungen zu Mitschülern		
Räumlichkeiten		
Einfluss der Eltern		
gesellschaftliche Rahmenbedingungen		
...		
...		

Schulstress

Baustein 2
Arbeitsblatt 7

Die hier aufgeführten Aspekte von Schulstress wurden aus einem aktuellen pädagogischen Wörterbuch entnommen.
- *Inwieweit finden sich Formen dieser Stress-Faktoren in* Unterm Rad*? Fixiere Parallelen jeweils stichwortartig und achte auf die exakte Angabe eines Textbelegs (Seitenzahl).*
- *Formuliere eine kurze Stellungnahme zur Frage: Inwieweit leidet Hans Giebenrath unter Schulstress?*

Aspekte von Schulstress	Hinweise in *Unterm Rad* (mit Textbeleg!)
Fehlformen häuslicher Erziehung	
stressfördernde gesellschaftliche Grundströmungen	
Angst, im Konkurrenzkampf (später) nicht zu bestehen	
Angst, den Numerus Clausus nicht zu erreichen	
das erzieherische Moment wird in den Hintergrund gedrängt	
Unausgewogenheit des Fächer- und Stoffangebots	
zu häufiger Fächerwechsel	
Frustrationen durch ständigen Tadel	
zu schwierige Hausaufgaben	
konzentrierter Frontalunterricht über den Vormittag hinaus	
überhöhte Leistungsforderung unter Zeitdruck	

Baustein 3: Hans' Entwicklung

Hans' Entwicklung

3.1 ☐ Kindheit

Die Kindheit steht in krassem Gegensatz zu Hans' Schüler-Leben; nach seinem Austritt aus Maulbronn ist ihm ein Anknüpfen an das Kinder-Glück nicht mehr möglich. Entscheidend dafür ist die Freizeit und Freiheit der Kinderjahre, die Gelegenheiten zu unzähligen Erlebnissen eröffnet: Schwimmen, Tauchen, Rudern, Angeln, Kaninchen/Hasen, Wasserrad/Hammermühle, Spiele(n), Floßfahrten, Geschichten anhören, Krebsen, Goldfallenfangen, Strolchen/Bummeln, Gärtnerei, Freunde, Ferien, Märchen, „Zum Falken"/Gerberei, Verbote übertreten, sich das ganze Jahr hindurch jeden Monat auf irgend etwas freuen (vgl. 117), rätselhafte und seltsame Dinge und Leute (vgl. 27, 117) etc. Hans ist in seinem Heimatort tief verwurzelt, niemals äußert er den Wunsch, von dort wegzugehen. Aus Stuttgart und Maulbronn kehrt er dankbar in seine Heimat zurück. Während sich das Leben und Arbeiten in Stuttgart wie Maulbronn überwiegend in Innenräumen abspielt, werden wir in Hans' Heimatstadt vor allem mit Außenräumen bekannt gemacht; dabei bestechen die wundervollen Naturschilderungen: Landschaft, Wetter, Jahres- und Tageszeiten, der Fluss und die Wälder, Tiere und Gärten tragen erheblich dazu bei, dass Hans seine Kindheit so glücklich erlebt. Ganz im Gegensatz zum „folternden Trubel" (35) der Schule konnte Hans das Leben in der Natur mit allen Sinnen und als „sinn-voll" genießen. Anstelle des lärmenden, quälenden und total verkopften schulischen „Trichterns" standen in seiner Kindheit überaus aktive und lebendige Erfahrungen in den verschiedensten Lebensbereichen: Hans lernt eine andere soziale Welt im „Falken" (118ff.) kennen, schließt Freundschaften mit August und Rechtenheil und schwärmt für Emma Geßler. Er lebt mit sich im Einklang und findet daher den Mut, selbst väterliche Verbote zu übertreten.
Betrachten wir seine Kindheit vor dem Hintergrund von Hans' Gesamtentwicklung, lässt sich feststellen, dass ihn die Schule eher zurückwirft statt stützt und weiterbringt.

Hesse hat Hans' Kinder-Leben deutliche autobiografische Züge verliehen; Vorbild für den beschriebenen Schwarzwaldort ist Calw, Hesses Geburtsort. Ein Referat könnte sich dieser Beziehung widmen. Dazu sei das ausgezeichnete Buch *Literaturreisen. Auf den Spuren Hermann Hesses ...* von Herbert Schnierle-Lutz (Klett, 1. Auflage, 1991) empfohlen; das erste Kapitel präsentiert Calw, das zweite Maulbronn. Neben vielen Plänen und Fotos findet sich eine reiche Auswahl an entsprechenden Textauszügen aus Hesses Werk.

☐ *Analysiere die Textstelle auf Seite 117 („Überhaupt – damals war" bis „das alles hingenommen?") und entwickle stichwortartig ein Bild der Kindheit von Hans Giebenrath.*
☐ *Zu welchem Zeitpunkt der Erzählung erhalten die Lesenden den intensivsten Eindruck von Hans' Kindheit? Welche Gründe erkennst du dafür?*
☐ *Inwieweit siehst du in seinen Kindheitserfahrungen Anknüpfungspunkte für eine mögliche glücklichere Entwicklung von Hans?*

Baustein 3: Hans' Entwicklung

> **Hans' Kinder-Leben**
>
> - aktives Erleben der Natur
> - Spiele(n)
> - Freiheit genießen
> - Heimat entdecken
> - Freundschaft
> - Geschichten/Märchen hören
> - ...
>
> ⇓
>
> Kindheit = gewesenes und nie wiederkehrendes großes Glück (141)

❐ *Als es Hans sehr schlecht geht, erinnert er sich an seinen ehemaligen Freund Hermann Rechtenheil (vgl. S. 120/121). Verfasst einen fiktiven Dialog, in dem Hermann Rechtenheil sich daran erinnert, wie er Hans erlebt hat. Wie würde Rechtenheil Hans' gegenwärtige Situation beurteilen? Was würde er ihm für seine Zukunft raten? Wie könnte Hans antworten?*
❐ *Tragt den Dialog szenisch vor.*

3.2 ❐ Schulzeit

In Baustein 2.1 wurde bereits die schulische Erziehung aufgegriffen; hier soll Hans' Schulzeit als eine Stufe in seiner Entwicklung beleuchtet werden. Seine Kindheit war für Hans eine glückliche Zeit: Wann immer es ihm später möglich ist, bemüht er sich darum, an positive Erfahrungen aus dieser Zeit anzuknüpfen, die Natur zu erleben, zu schwimmen und zu angeln. Das Angeln ist für Hans eine „Leidenschaft" (120) geworden; das zeigt sich sehr schön in der Beschreibung auf den Seiten 30/31. Die Schule allerdings ist so dominant, dass sie Hans mit seinen positiven Erfahrungen und seiner Leidenschaft überwältigt. Kein anderer Faktor in seinem Leben besitzt solche Macht: Die Schule und ihre Vertreter verfolgen ihn bis in die Ferien und in seine Träume. Dabei schwingt von Anfang an trotz seiner Begabung stets etwas Belastendes für ihn mit: „Wenn der Dekan in seine Nähe trat oder gar seinen Namen rief, zuckte er jedesmal scheu zusammen, und wenn er eine Antwort geben mußte, hatte er Schweiß auf der Stirn und Herzklopfen." (S. 10)
Der ungeheure Druck geht nicht nur von Schule und Unterricht im engeren Sinne aus, auch sein Vater, der Stadtpfarrer und das kleinbürgerliche Umfeld, selbst seine Schulkameraden verstärken die Belastungen; sie alle zusammen bilden ein „Zwangssystem" (vgl. Arbeitsblatt 8/Lösungsvorschlag, Seite 38), aus dem es für Hans kein Entkommen gibt. Der verständnisvolle Flaig kann aufgrund seiner niedrigen gesellschaftlichen Position den Druck nicht mildern, nicht zuletzt, da Hans andere Vorbilder hat.
Hans' Schulzeit ist die entscheidende Entwicklungsstufe in seinem Leben; der Kern der Erzählung ist dieser Phase gewidmet, umrahmt von der (retrospektiv dargestellten) Kindheit und der Zeit nach dem Schulaustritt. In der Schulzeit liegt der Schlüssel für das Verstehen von Hans' Entwicklung. Der exakten Analyse des schulischen „Zwangssystems" sollte daher besondere Aufmerksamkeit gewidmet werden, zumal dabei die Vernetzung von äußeren Belastungsfaktoren und innerem

Baustein 3: Hans' Entwicklung

Schulerleben zu erfassen ist. Die unabdingbare Textarbeit kann arbeitsteilig erfolgen; dabei können die zwölf in der Grafik genannten Aspekte als Gliederungsmöglichkeit dienen.

Hans' Schulerfahrungen zerstören ihn so sehr, dass er keine Lebensperspektive(n) mehr erkennen kann. Dabei darf nicht unberücksichtigt bleiben, dass er dem Lernen zunächst auch positive Seiten abgewinnen kann. Das Tafelbild (vgl. Seite 39) zeigt jedoch, dass diese positiven Erfahrungen auf die Zeit vor Maulbronn beschränkt bleiben. Durchgängiges Merkmal in Hans' Entwicklung bleibt dagegen sein Hin-und-her-gerissen-Sein, das sich sehr schön in der grafischen Darstellung seines Gefühls-Lebens zeigt (vgl. Seite 44). Selbstverständlich hat die Schule einen erheblichen Anteil an diesen Gefühlsschwankungen: sie lässt ihn nicht zu Ruhe und Ausgeglichenheit, zu Besinnung und Selbstbewusstsein finden.

Der Gegensatz zwischen Hans' Schul-Leben und seiner Kindheit ist offensichtlich (vgl. das zweite Zitat von Gregor-Dellin, Arbeitsblatt 13, Seite 58).

Hans' Schulerfahrungen sind maßgeblich für seinen Tod verantwortlich; die Schule hat ihn „gebrochen" (163).

Unterm Rad wurde oben als typisches Beispiel der Schulliteratur ausgewiesen; in Baustein 3.2 wird das nochmals zweifelsfrei bestätigt.

An dieser Stelle sei erwähnt, dass im Zusammenhang mit Hans' Schüler-Leben bereits Aspekte aus Baustein 6 aufgegriffen werden können.

Arbeitsblatt 3 (Seite 21) hat zur fotografischen Interpretation ausgewählter Textstellen der Erzählung angeregt. Dieser Ansatz könnte mithilfe von Arbeitsblatt 8 (Seite 37) vertieft werden, indem gezielt Fotos zu den Segmenten der Grafik gestaltet werden. Zwölf Paare/Gruppen würden sich je einem Segment widmen.

- *Analysiert die Textstelle auf Seite 114 („Mit Lesen konnte" bis „dortigen Angstgefühls auferstand").*
  Geht dabei insbesondere auf den Begriff „Gespenst" ein, indem ihr ihn möglichst detailliert konkretisiert: Was genau ist mit „Gespenst der Klosterzeit" gemeint?
  Welche Bedeutung besitzt dieses „Gespenst" für Hans?

- *Wodurch ist Hans' Leben als Schüler gekennzeichnet?*
  Charakterisiere es in Stichworten; dabei lassen sich neben negativen auch positive Erfahrungen anführen.
- *Welches Fazit kannst du festhalten?*

- *Fasse in einer kurzen Formel zusammen, worin sich Hans' Kindheit von seinem Schüler-Leben unterscheidet.*

Schulisches Zwangssystem für Hans Giebenrath

Baustein 3
Arbeitsblatt 8

☐ *Hans' Schulerfahrungen bilden ein „Zwangssystem", das seine gesamte weitere Entwicklung zutiefst prägt. Verdeutliche dir dieses „Zwangssystem" dadurch, dass du zu den in der Grafik genannten Aspekten möglichst treffende Textbelege auswählst. Achte dabei auf exaktes Zitieren und gib jeweils die entsprechende Seitenzahl des Zitats in Klammern an.*

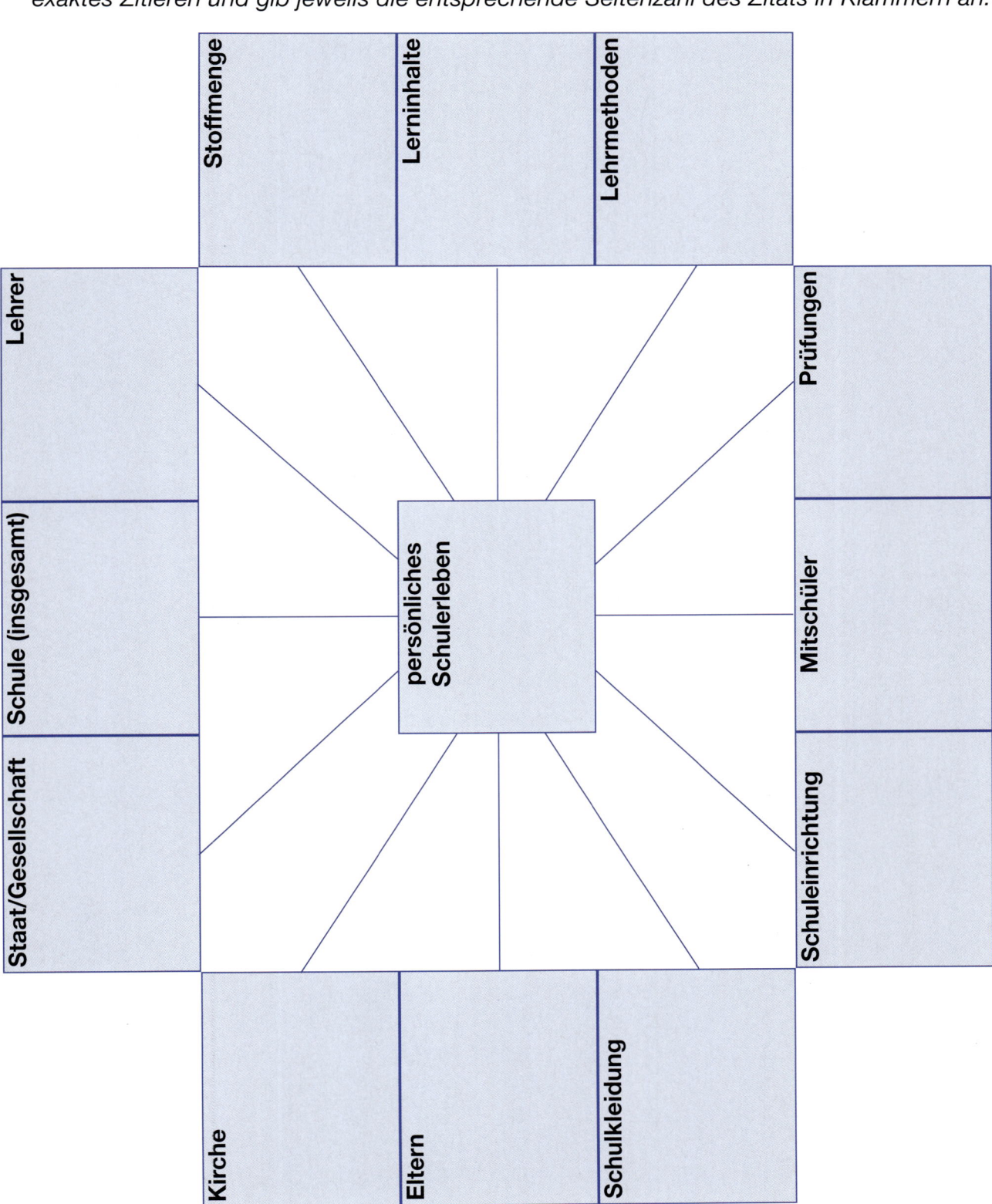

Aspekte in der Grafik (um das zentrale Feld „persönliches Schulerleben" angeordnet):

- Stoffmenge
- Lerninhalte
- Lehrmethoden
- Prüfungen
- Mitschüler
- Schuleinrichtung
- Schulkleidung
- Eltern
- Kirche
- Staat/Gesellschaft
- Schule (insgesamt)
- Lehrer

37

Schulisches Zwangssystem für Hans Giebenrath (Lösungsvorschlag)

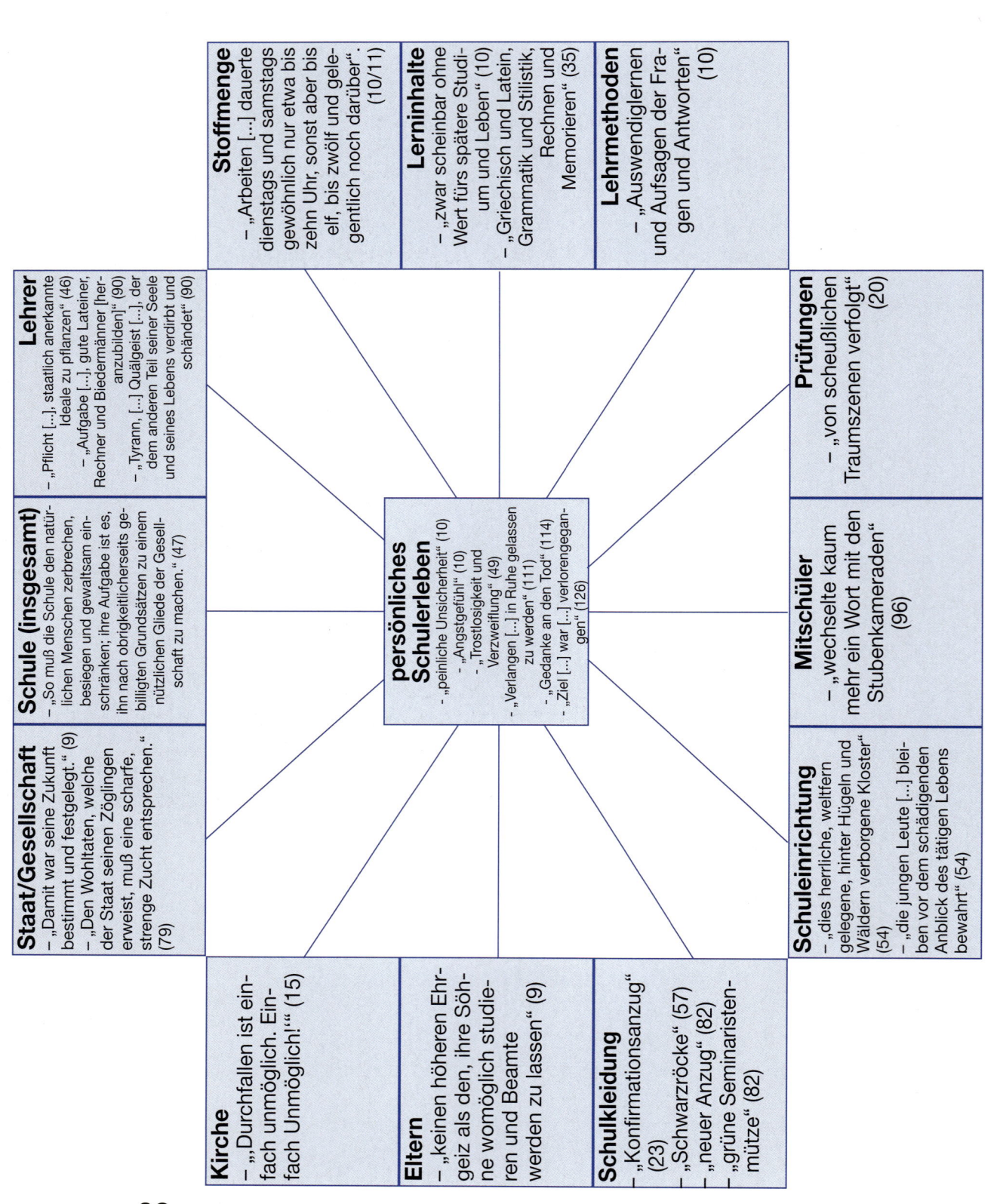

Stoffmenge
- „Arbeiten [...] dauerte dienstags und samstags gewöhnlich nur etwa bis zehn Uhr, sonst aber bis elf, zwölf und gelegentlich noch darüber." (10/11)

Lerninhalte
- „zwar scheinbar ohne Wert fürs spätere Studium und Leben" (10)
- „Griechisch und Latein, Grammatik und Stilistik, Rechnen und Memorieren" (35)

Lehrmethoden
- „Auswendiglernen und Aufsagen der Fragen und Antworten" (10)

Lehrer
- „Pflicht [...], staatlich anerkannte Ideale zu pflanzen" (46)
- „Aufgabe [...], gute Lateiner, Rechner und Biedermänner [heranzubilden]" (90)
- „Tyrann, [...] Quälgeist [...], der dem anderen Teil seiner Seele und seines Lebens verdirbt und schändet" (90)

Schule (insgesamt)
- „So muß die Schule den natürlichen Menschen zerbrechen, besiegen und gewaltsam einschränken; ihre Aufgabe ist es, ihn nach obrigkeitlicherseits gebilligten Grundsätzen zu einem nützlichen Gliede der Gesellschaft zu machen." (47)

Staat/Gesellschaft
- „Damit war seine Zukunft bestimmt und festgelegt." (9)
- „Den Wohltaten, welche der Staat seinen Zöglingen erweist, muß eine scharfe, strenge Zucht entsprechen." (79)

Kirche
- „,Durchfallen ist einfach unmöglich. Einfach Unmöglich!'" (15)

Eltern
- „keinen höheren Ehrgeiz als den, ihre Söhne womöglich studieren und Beamte werden zu lassen" (9)

Schulkleidung
- „Konfirmationsanzug" (23)
- „Schwarzröcke" (57)
- „neuer Anzug" (82)
- „grüne Seminaristenmütze" (82)

Schuleinrichtung
- „dies herrliche, weltfern gelegene, hinter Hügeln und Wäldern verborgene Kloster" (54)
- „die jungen Leute [...] bleiben vor dem schädigenden Anblick des tätigen Lebens bewahrt" (54)

Mitschüler
- „wechselte kaum mehr ein Wort mit den Stubenkameraden" (96)

Prüfungen
- „von scheußlichen Traumszenen verfolgt" (20)

persönliches Schulerleben
- „peinliche Unsicherheit" (10)
- „Angstgefühl" (10)
- „Trostlosigkeit und Verzweiflung" (49)
- „Verlangen [...] in Ruhe gelassen zu werden" (111)
- „Gedanke an den Tod" (114)
- „Ziel [...] war [...] verlorengegangen" (126)

Hans' Schüler-Leben

Negative Aspekte:
- keine Freizeit
- Streberei
- Kopfweh
- Sorge/Angst
- „oft auch der Verzweiflung nah" (17)
- schlechtes Gewissen
- Ehrgeiz
- keine richtigen Ferien
- keine Zeit für Freundschaften
- Angst, die Forderungen des Vaters nicht erfüllen zu können
- ...

Positive Aspekte:
- „Kreis der Wahrheitssucher" (45)
- „der Weg zur wahren Forschung" (45)
- „die wahre Gelehrsamkeit" (45)
- „Arbeitsfieber" (46)
- „Erkenntnisdurst" (46)
- „stolzes Selbstgefühl" (46)
- ...

⇓

Hans' Schüler-Leben wird von negativen Erfahrungen dominiert
(während seine Kindheit für ihn eine Zeit des Glücks war)

3.3 ☐ Nach der Schulzeit

Der verheerende Einfluss der Schule treibt Hans in eine Phase tiefer Depression. Er besinnt sich zurück auf das, was in seinem Leben sinnvoll und beglückend war, und versucht, in seine Kindheit zu fliehen. In diesem Entwicklungsstadium entfaltet sich durch Rückblicke und Erinnerungen das Bild von Hans' Kindheit. Damit erkennen die Lesenden eine der „Botschaften" Hesses: Keine Phase im Leben des Menschen darf gewaltsam verkürzt werden; dies gilt insbesondere in der Kindheit und Jugend. Der Philosoph und Pädagoge Jean-Jacques Rousseau drückt das in seinem Erziehungsroman *Emile* von 1762 treffend aus: „Was soll man also von jener barbarischen Erziehung denken, die die Gegenwart einer ungewissen Zukunft opfert, die ein Kind mit allen möglichen Fesseln bindet und damit beginnt, es unglücklich zu machen, um ihm für die Zukunft ein angebliches Glück zu bereiten, das es vielleicht nie genießen wird?" (UTB Schöningh, 6. 1983, S. 55) Die Parallelen zum Schicksal des Hans Giebenrath sind unverkennbar.

Nur scheinbar kehrt während des Mostens Hans' Lebensfreude zurück, vor allem als er Flaigs Nichte Emma begegnet. Hier bleibt Deutungsspielraum für die Lesenden. Wie werden die Jugendlichen die Beziehung zwischen Emma und Hans bewerten: Zeigt Emma ein ganz „normales" Verhalten, auf das Hans aufgrund seiner deformierten Entwicklung nur nicht mehr angemessen eingehen kann, oder empfinden sie Emma als rücksichtslos und grausam und geben ihr eine Mitschuld an Hans' Tod? Entscheidend ist, dass es Hans zu diesem Zeitpunkt bereits zu sehr an Kraft und Selbstbewusstsein mangelt, um Emma gleichberechtigt begegnen und ihr Weggehen ertragen zu können. Ihm fehlt die existenzielle „Mitte", der Lebenssinn, eine eigene Persönlichkeit, um die Versprechungen und Forderungen des Lebens auszubalancieren. Pädagogisch ausgedrückt hat er keine Selbstkompetenz entwickelt: Hier zeigt sich die uneingeschränkte Aktualität von *Unterm*

Baustein 3: Hans' Entwicklung

Rad; die Erzählung kann trotz – oder gerade wegen – ihres Alters einen Spiegel vorhalten. In unserer „Risikogesellschaft" geht es ebenso wie für Hans Giebenrath darum, Selbstkompetenz auszubilden und in sämtlichen Lebensbereichen auszudrücken. Hans muss sterben, weil er sein Leben nicht mehr „wahrnehmen" (d. h. erkennen und gestalten) kann, weil er nicht mehr anerkannte, „dass außerhalb des engen Zauberkreises schöne weite Räume licht und freundlich lagen" (148).

Hesse formuliert in seiner Bildungs-„Definition" (vgl. Seite 5) den Zusammenhang von wahrer „Bildung" und „Sinn". *Unterm Rad* zeigt, dass Unterricht und Erziehung, die nicht für Sinnfragen sensibilisieren, die nicht für die Suche nach (Lebens-) Sinn qualifizieren, wertlos und destruktiv sind. Wer keinen Sinn mehr sieht, muss in die Vergangenheit und schließlich in den Tod fliehen. Ein „Hans Giebenrath" des 21. Jahrhunderts würde vielleicht in die Welt der Drogen fliehen.

❒ *Verdeutliche dir nochmals Hans' Entwicklung nach seinem Austritt aus Maulbronn; konzentriere dich dabei vor allem auf die Seiten 111ff., 126ff. und 148ff.*
Trage zusammen, wodurch Hans' Leben nach seiner Schulzeit gekennzeichnet ist.
❒ *Wie lassen sich die Einzelaspekte zu einer Gesamtbeschreibung von Hans' psychischer Verfassung bündeln?*
❒ *Aus der Betrachtung von Hans' Entwicklungsstufen (Kindheit/Schulzeit/nach Schulaustritt) kannst du nun die Bedeutung seiner Kindheitserinnerungen ableiten.*

Hans' Leben nach seiner Schulzeit

- Wunsch nach Ruhe
- Todessehnsucht und -plan
- Erinnerung an die verkürzte Kindheit; krankhaftes Sich-Hineinfantasieren in die Kinderzeit
- Aufsuchen von Orten der Kindheit
- Wissen, nicht in die Kindheit zurückkehren zu können
- Hans' Leben hat keinen Inhalt und kein Ziel (mehr)
- wieder aufkommende Lebensfreude
- Hans verliebt sich in Emma
- in der Beziehung zu Emma wie in seiner derzeitigen Lebensphase stürmen Versprechungen und Forderungen gleichzeitig auf ihn ein
- Hans fühlt sich schwach und „tod-müde" (in und nach seiner Beziehung zu Emma)
- er empfindet sein Eintreten in die Werkstatt als sozialen Abstieg, relativiert andererseits seine Arroganz
- ...

⇓
Hans sieht keinen Sinn mehr in seinem Leben
⇓
Flucht in die eigene Vergangenheit

3.4 ❒ Hans' Gesamtentwicklung

Wenn auch die grafische Darstellung von Hans' Gefühlsleben (vgl. Lösungsvorschlag zu Arbeitsblatt 9, Seite 43) stark quantifizierend ist und als Verfahren der literarischen Analyse mit Recht bezweifelt werden darf, so spiegelt der Verlauf der Kurve Hans' Inneres sehr treffend. Mehrfach ist für einen Textbeleg keine klare Zu-

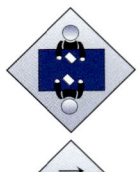

Baustein 3: Hans' Entwicklung

ordnung zu einer definierbaren Gemütsverfassung möglich (143, 152, 154); das ist typisch für Hans und bestätigt sich in zahlreichen Formulierungen besonders ab dem 5. Kapitel. Selbst Hans' Hochstimmung nach dem Bestehen des Landexamens (38) wird unmittelbar anschließend relativiert (39). Umgekehrt springt nach seinem Todeswunsch (126) die Kurve schnell wieder in den positiven Bereich (134). In der Beschreibung des Klosters Maulbronn heißt es: „damit Schönheit und Ruhe die empfänglichen jungen Gemüter umgebe" (54); genau dies wäre für Hans zu wünschen gewesen, aber nicht in der äußerlichen, sondern vor allem in der innerlichen Welt. Hans findet in Maulbronn das Gegenteil; er wird aus dem Gleichgewicht geworfen. Insgesamt zeigt uns die Kurve nicht die Entwicklung, wie sie z. B. ein klassischer Bildungsroman darstellen würde.

Vielmehr verdeutlicht Hans' Gefühlskurve, dass von einer „Entwicklung" streng genommen gar nicht gesprochen werden darf.

Für die Arbeit mit der Kurve eignen sich OHP-Folien und das Overlay-Verfahren. Wenn wir uns Hans' Erleben zuwenden, müssen wir berücksichtigen – auch das kann uns die Kurve veranschaulichen –, dass oft keine eindeutigen Zuordnungen vorgenommen werden können. Positive Erlebensbereiche liegen in Hans' Kindheit; das meiste in seinem späteren Leben empfindet Hans als ambivalent. Das eindeutig negativ Bewertete hängt alles direkt oder indirekt mit der Schule zusammen. Auffallend ist, dass der ambivalente Bereich (vgl. Tafelbild, Seite 46) der ausgeprägteste ist. Das liegt nicht zuletzt daran, dass Hans es versäumt, sich über seine Gefühle und Erlebnisse klar zu werden.

Für die Einschätzung des Selbstbewusstseins von Hans lohnt der Blick auf Anfang und Ende von *Unterm Rad*. Während es in der Erzählung doch um Hans geht, wird die Darstellung seines kurzen Lebens durch die Figur seines Vaters eingerahmt (7 und 166). Herr Joseph Giebenrath ist für das Schicksal und das fehlende Selbstbewusstsein seines Sohnes zentral verantwortlich. Daneben beeinflussen und manipulieren ihn Heilner, Emma, Stadtpfarrer, Rektor und Ephorus; selbst Flaig unterstellt ihm ein Berufsziel, zu dem Hans selbst sich niemals geäußert hat. Hans fehlt es an Selbstbewusstsein sowohl nach außen als auch nach innen. So wie er nach dem Scheitern seiner Schullaufbahn in seine Kindheit zu fliehen versucht, flieht er auch vor dem Bewusstsein seiner selbst.

Die Beziehung zwischen Schule und Selbstbewusstsein ist heute noch hochaktuell. So klagt der Kinder- und Jugendpsychiater Prof. Reinhart Lempp an: „Ich bin betroffen, wie oft mir gut begabte Gymnasiasten begegnen, denen man ihr ganzes Selbstbewusstsein irgendwann gestohlen hat." (*DIE ZEIT*, 14.12.2000)

Für Arbeitsblatt 10 (vgl. Seite 47) zu den Themen von *Unterm Rad* bietet sich die Einzelarbeit an, damit jede/r in Ruhe überdenken kann, welche individuelle Bedeutung diesen Themen heute zuzuschreiben ist; ein anschließender Austausch kann z. B. in der Partnerarbeit stattfinden. Viele der im Arbeitsblatt genannten Themen spielen in der Erzählung nur indirekt eine Rolle: Hans denkt *gerade nicht* über diese Inhalte nach, weil er von den Instanzen, die sein Leben bestimmen, daran gehindert bzw. davon abgelenkt wird. Er lernt nicht, diese Bereiche zu thematisieren, zu problematisieren, darüber nachzudenken oder zu sprechen. Es sei den Lesenden überlassen zu beurteilen, inwieweit dieses Defizit in unserer heutigen Kommunikations- und Konsumgesellschaft weiter besteht.

Deutungsspielraum gibt es auch in der Frage: „Zu welchem Zeitpunkt hätte sich Hans' Entwicklung noch zum Positiven hin wenden können?" Hans erkennt, dass er nicht in seine Kindheit zurückkehren oder die verkürzte Kindheit nachholen kann. Vielleicht aber wäre es ihm möglich gewesen, an die Werte, die er in der Kindheit erlebt hat, anzuknüpfen. Dieser Thematik können die Schülerinnen und Schüler in

Baustein 3: Hans' Entwicklung

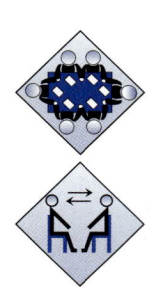

einer durch den Text gelenkten „Fantasie" nachgehen, wobei insbesondere die Tafelbilder auf den Seiten 35 und 46 zu berücksichtigen wären.

- *Analysiere den Erzählungsabschnitt Seite 130-145 (Hans' Beziehung zu Emma) im Hinblick auf Hans' Gefühlsschwankungen.*
- *Verdeutliche dir, in welchen anderen Lebensbereichen Hans ebenfalls emotional unausgeglichen ist.*
- *Wie lässt sich dieser „Befund" begründen?*

Gefühle von Hans

Baustein 3
Arbeitsblatt 9

❑ *Veranschauliche dir das Gefühlsleben von Hans Giebenrath. Weise dafür jedem Zitat auf dem Arbeitsblatt einen Wert zwischen 1 und 6 zu. Sind Hans' Gefühle stets eindeutig zu bewerten? Wo das nicht möglich ist, solltest du ein passendes Symbol (z. B. ≈) verwenden. Verbinde schließlich sämtliche Werte zu einer „Gefühlskurve". Welchen ersten Eindruck vermittelt die Kurve?*

	1	2	3	4	5	6
peinliche Unsicherheit und ein leises Angstgefühl (10)						
nachdenklich und traurig (13)						
bedrückt (15)						
Gefühl, er müsse sich hinwerfen und heulen (16)						
müd und verdrossen (16)						
würgte ihn die heimliche Angst in der Kehle (18)						
eine tiefe Beklemmung ergriff ihn beim Anblick der Stadt (18)						
fühlte er Schweiß und Angst dieser letzten Tage von sich gleiten (26)						
nahm seine Seele mit neuer Lust von der schönen Heimat Besitz (26)						
zum Zerspringen voll von Stolz und Jubel (38)						
Bloß das eine wurmte ihn, daß er nicht vollends Erster geworden war (39)						
Mit diesem gesteigerten Arbeitsfieber und Erkenntnisdurst traf dann ein stolzes Selbstgefühl zusammen (46)						
Stolz, wenn er daran dachte, um wie viel er allen Kameraden voraus war (46)						
Trostlosigkeit und Verzweiflung (49)						
voll eines seltsam beglückenden Gefühls der Zusammengehörigkeit (89)						
ein erhöhtes wärmeres Leben, mit dem das frühere nüchterne Pflichtdasein sich nicht vergleichen ließ (94)						
Weinkrampf (109)						
die Angst vor seinem enttäuschten Vater, dessen Hoffnungen er betrogen hatte, beschwerte ihm das Herz (111)						
hing seinen Träumereien oder quälerischen Gedanken nach (114)						
Gedanke an den Tod (114)						
war Hans in eine gleichmäßige Melancholie hinübergeraten (126)						
Er fühlte den Wunsch [...] zu sterben (126)						
Alles war sonderbar anders geworden, schön und erregend (134)						
Eine tiefe Schwäche überkam ihn; [...] Todesmüdigkeit und Pein (139)						
von einem süßen Grauen und einer tiefen, glücklichen Bangigkeit erfüllt (143)						
er glaubte sterben zu müssen (144)						
zorniger Schmerz, trübe Qual (147)						
alles umsonst, alles nur, damit er jetzt, [...] von allen ausgelacht, als kleinster Lehrbub in eine Werkstatt gehen konnte! (147)						
nie das Vergnügen gekostet, unter seinen Händen etwas Sichtbares und Brauchbares entstehen zu sehen (150)						
Er wußte nicht recht, ob er eigentlich zufrieden sei oder nicht (152)						
seit Monaten zum erstenmal wieder eine Freude am Sonntag (154)						
Hans [...] freute sich [...] Doch empfand er eine kleine Angst (154)						
kam sich wie ein ausbündig fideler Kerl vor (160)						
Er kam sich beschmutzt und geschändet vor [...] gebrochen und elend (163)						
Plötzlich kam [...] ein Anflug der vorigen Lustigkeit zurück (163)						
tat ihm etwas im Innersten weh und stürmte eine trübe Flut [...] von Scham und Selbstvorwürfen auf ihn ein (163)						

Hans fühlt sich: 1 = sehr gut; 2 = gut; 3 = zufrieden; 4 = unzufrieden; 5 = schlecht; 6 = sehr schlecht

43

Gefühle von Hans
(Lösungsvorschlag)

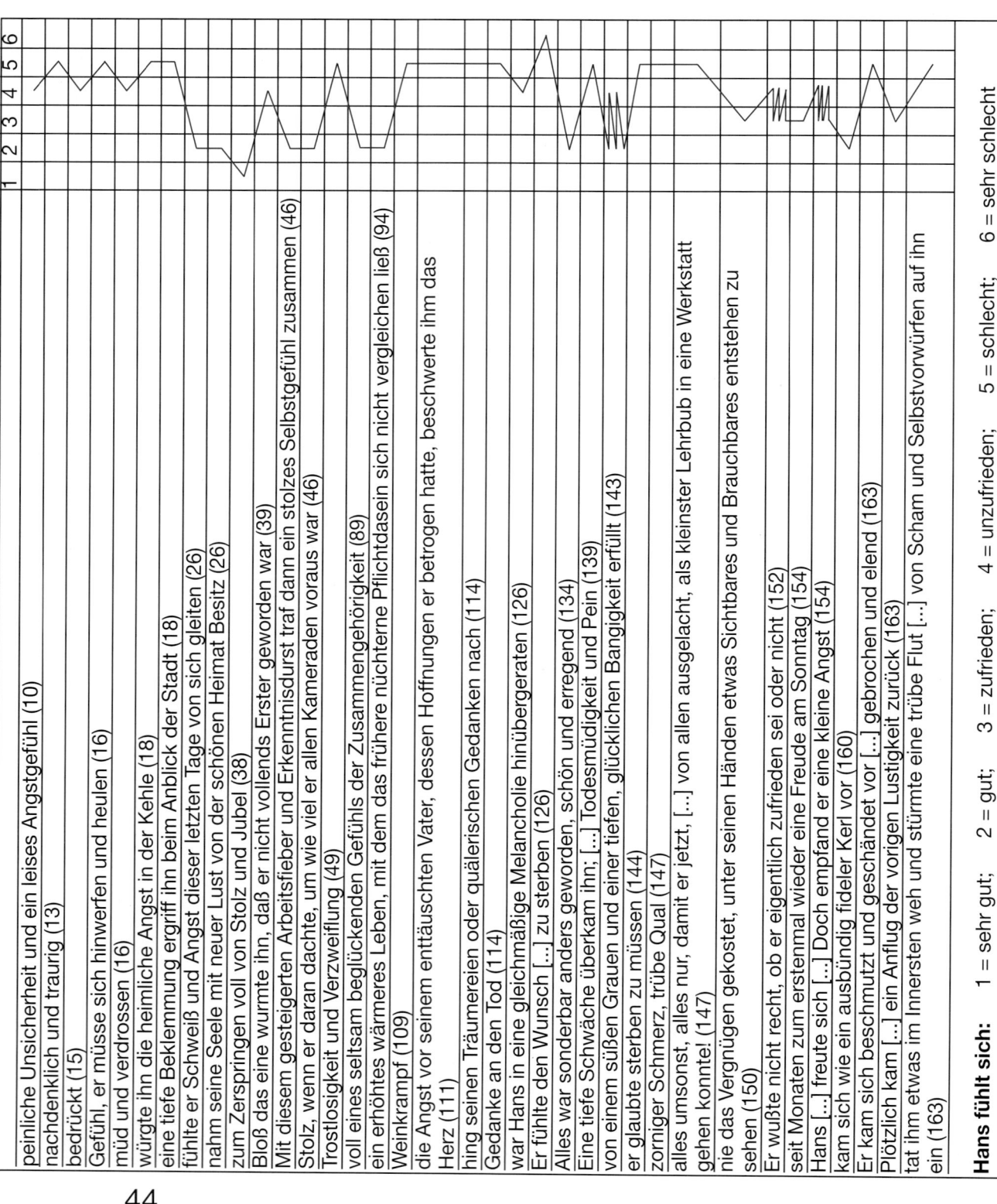

	1	2	3	4	5	6
peinliche Unsicherheit und ein leises Angstgefühl (10)						
nachdenklich und traurig (13)						
bedrückt (15)						
Gefühl, er müsse sich hinwerfen und heulen (16)						
müd und verdrossen (16)						
würgte ihn die heimliche Angst in der Kehle (18)						
eine tiefe Beklemmung ergriff ihn beim Anblick der Stadt (18)						
fühlte er Schweiß und Angst dieser letzten Tage von sich gleiten (26)						
nahm seine Seele mit neuer Lust von der schönen Heimat Besitz (26)						
zum Zerspringen voll von Stolz und Jubel (38)						
Bloß das eine wurmte ihn, daß er nicht vollends Erster geworden war (39)						
Mit diesem gesteigerten Arbeitsfieber und Erkenntnisdurst traf dann ein stolzes Selbstgefühl zusammen (46)						
Stolz, wenn er daran dachte, um wie viel er allen Kameraden voraus war (46)						
Trostlosigkeit und Verzweiflung (49)						
voll eines seltsam beglückenden Gefühls der Zusammengehörigkeit (89)						
ein erhöhtes wärmeres Leben, mit dem das frühere nüchterne Pflichtdasein sich nicht vergleichen ließ (94)						
Weinkrampf (109)						
die Angst vor seinem enttäuschten Vater, dessen Hoffnungen er betrogen hatte, beschwerte ihm das Herz (111)						
hing seinen Träumereien oder quälerischen Gedanken nach (114)						
Gedanke an den Tod (114)						
war Hans in eine gleichmäßige Melancholie hinübergeraten (126)						
Er fühlte den Wunsch [...] zu sterben (126)						
Alles war sonderbar anders geworden, schön und erregend (134)						
Eine tiefe Schwäche überkam ihn; [...] Todesmüdigkeit und Pein (139)						
von einem süßen Grauen und einer tiefen, glücklichen Bangigkeit erfüllt (143)						
er glaubte sterben zu müssen (144)						
zorniger Schmerz, trübe Qual (147)						
alles umsonst, alles nur, damit er jetzt, [...] von allen ausgelacht, als kleinster Lehrbub in eine Werkstatt gehen konnte! (147)						
nie das Vergnügen gekostet, unter seinen Händen etwas Sichtbares und Brauchbares entstehen zu sehen (150)						
Er wußte nicht recht, ob er eigentlich zufrieden sei oder nicht (152)						
seit Monaten zum erstenmal wieder eine Freude am Sonntag (154)						
Hans [...] freute sich [...] Doch empfand er eine kleine Angst (154)						
kam sich wie ein ausbündig fideler Kerl vor (160)						
Er kam sich beschmutzt und geschändet vor [...] gebrochen und elend (163)						
Plötzlich kam [...] ein Anflug der vorigen Lustigkeit zurück (163)						
tat ihm etwas im Innersten weh und stürmte eine trübe Flut [...] von Scham und Selbstvorwürfen auf ihn ein (163)						

Hans fühlt sich: 1 = sehr gut;   2 = gut;   3 = zufrieden;   4 = unzufrieden;   5 = schlecht;   6 = sehr schlecht

Baustein 3: Hans' Entwicklung

Gefühle von Hans – Kommentierung der Kurve: Lösungsvorschlag

Für diesen Arbeitsauftrag kann entweder jede/r Schüler/in/nengruppe die eigene Kurve zugrunde legen, oder es wird mit einer gemeinsam entwickelten bzw. vorgegebenen Kurve (s.u.) gearbeitet.

❒ *Kommentiere die „Gefühlskurve" von Hans so ausführlich wie möglich. Von den deutlich erkennbaren Merkmalen der Kurve kannst du auf inhaltliche Aspekte von Hans' Entwicklung rückschließen. Dazu dient dir der gesamte Text als Prüfinstrument.*

❒ *Inwieweit spiegelt die Kurve den Erzählungsinhalt?*
(Hilfestellungen: Berücksichtige dabei die Anzahl von extremen (1 und 6) wie durchschnittlichen (3 und 4) Werten. Gibt es einen deutlich ausgeprägten Mittelwertbereich? Wie stark und häufig sind die Schwankungen? Bestehen Unschärfen, d. h. Werte, die nicht eindeutig bestimmbar sind? Sind Phasen der Kontinuität erkennbar? Wie sieht es am Anfang und am Ende von Hans' Entwicklung aus?)

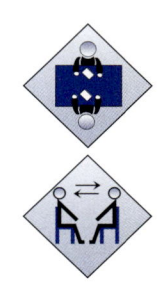

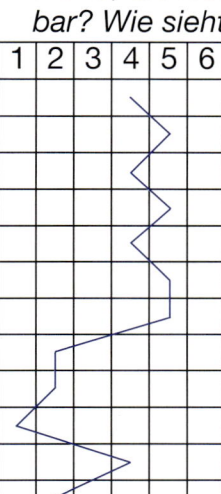

Auf den ersten Blick fallen die extremen Schwankungen auf: Hans ist eine äußerst gefühlsintensive Figur.

Die Gesamtkurve zeigt keinen kontinuierlichen Verlauf (von glücklich nach unglücklich oder umgekehrt): es kann also nicht von einer eindeutigen „Gefühlsentwicklung" gesprochen werden.

Die ganze Bandbreite von 1 (sehr gut) bis 6 (sehr schlecht) wird ausgeschöpft: Hans ist sehr sensibel und erlebt alle Gefühlszustände.

Die Kurve bleibt selten länger auf einer Stufe: Hans ist niemals längere Zeit ausgeglichen und zufrieden.

Der Mittelwertbereich (3-4) ist unterrepräsentiert: Hans befindet sich selten in einem „durchschnittlichen" Gemütszustand.

Die Kurve „springt" mehrmals über eine große Bandbreite; diese Sprünge sind in beide Richtungen möglich: Hans' Gefühlszustand ist sehr leicht von außen beeinflussbar.

Einige Male schlägt die Kurve innerhalb eines Textbelegs zu verschiedenen Seiten aus; Hans selbst ist sich über seinen Zustand unklar; er weiß nicht, was er will, kennt sich nicht.

Kurz vor dem Tod schlägt die Kurve nochmals in den positiven Bereich aus; er ist nicht in einer vollständig verzweifelten Situation.

Nur ein einziges Mal erreicht die Kurve den Tiefpunkt (6); das fällt jedoch nicht mit dem Tod von Hans zusammen.

Das letzte Stück der Kurve deutet nicht darauf hin, dass Hans sich umbringen wird; sein Tod würde – wird die Kurve zugrunde gelegt – schlüssiger als Unfall interpretiert werden können.

Es wäre durchaus denkbar, dass die Gefühlskurve von Hans in ähnlicher Weise (lebenslang) hätte weiterverlaufen können.

Die Kurve bleibt weder längere Zeit im positiven noch im negativen Bereich; es wäre denkbar, dass sie am Ende auch wieder hätte umschlagen können; die Häufung schlechter und (nahezu) sehr schlechter Stimmungen ist allerdings bedenklich.

Nur ein einziges Mal erreicht die Kurve den Höhepunkt (1); sie fällt jedoch unmittelbar darauf wieder in den negativen Bereich zurück.

...

Baustein 3: Hans' Entwicklung

❏ Hesse hat in *Unterm Rad* Hans' Erleben ausführlich beleuchtet. Verschaffe dir dadurch einen Überblick über Hans' Erleben, dass du bewertest, was Hans als beglückend und was er als belastend erlebt.
In welchen Erlebensbereichen ist keine eindeutige Zuordnung möglich?

Hans' Erleben

☺	?☺☻☹?	☹
• Angeln	• Flaig	• Streberei
• Stolz	• Ehrgeiz	• Angst
• Heimat (Raum/ Leben)	• Emma Geßler	• Stuttgart
• Natur	• Forderungen (Vater, Stadtpfarrer, Rektor, Ephorus)	• Vater
• Erfolg		• ...
• Erkenntnisdurst	• Hans' Ideal/Ziel	
• Kindheit(serinnerungen)	• Heilner	
	• Schulkameraden	
• Rechtenheil/August	• Emma	
• ...	• Werkstatt	
	• ...	

❏ Analysiere Hans' Albtraum (S. 20); wie lässt sich der Traum „erklären"?
❏ Hans' fehlendes Selbstbewusstsein ist ein Schlüssel zum Verständnis der Erzählung. Trage entsprechende Textbelege zusammen und konkretisiere stichwortartig, in welchen Bereichen Hans zu wenig Selbstbewusstsein zeigt.
❏ Welche Konsequenzen ergeben sich für Hans und seine Entwicklung?

Hans' fehlendes Selbstbewusstsein

- (im Landexamen:) Unterschätzung der eigenen fachlichen Leistungen
- Verinnerlichung der Forderungen von Stadtpfarrer und Rektor
- Zulassen von Persönlichkeitseingriffen durch die Schule
- Hans lässt sich von Flaig ein Berufsziel unterstellen
- Übernahme des Ehrgeizes seines Vaters
- (Nicht-) Aufnahme von Beziehungen zu Mitschülern
- Gestaltung der Freundschaft mit/Ausgenutztwerden durch Heilner
- (Nicht-) Hinterfragen der Herkunft eigener (?) Ziele und Ideale
- kein konsequentes Engagement für die eigene Entwicklung
- (Nicht-) Wahrnehmen/Durchsetzen eigener Gefühle/Bedürfnisse
- Schüchternheit gegenüber Emma Geßler und Flaigs Nichte Emma
- kein Erkennen persönlicher Lebensperspektiven
- ...

⇓

„Vor-sich-selber-auf-der-Flucht"-Sein (148)

❏ Führt in der Klasse ein Streitgespräch zum Thema: Handelt es sich bei Hans' Tod um einen Unfall oder um Selbstmord?
❏ Lässt sich erkennen, welche Position über die stärkeren Argumente verfügt?
❏ Warum ist es wichtig zu klären, ob es ein Unfall oder Selbstmord war? Oder ist es vielleicht gar nicht wichtig? Warum nicht?

Baustein 3

Arbeitsblatt 10

Die Themen der Erzählung – Bedeutungsverschiebung im Laufe eines Jahrhunderts

Unterm Rad ist ungefähr vor einhundert Jahren geschrieben worden. Es liegt nahe, darüber nachzudenken, welche Bedeutung heutige Lesende den Themen der Erzählung beimessen und in welchem Maße sich im Laufe eines Jahrhunderts Bedeutungsverschiebungen ergeben haben.

	Bedeutung für Hans	Bedeutung für mich
Bemühungen der Schule		
echte Bildung		
Erlebenswertes		
Faszination von Wissen		
Freiheit		
Glück		
leidenschaftliche Aufmerksamkeit		
mein Ideal		
Selbstbewusstsein		
Selbstbild		
Sinn des Lebens		
Wert der Schule fürs spätere Studium und Leben		
Werte		

Baustein 3: Hans' Entwicklung

- Analysiere die Darstellung der beginnenden Sommerferien (S. 32ff.). Charakterisiere den Grundton dieser Darstellung.
- In Unterm Rad wird eine Entwicklung dargestellt, die zum Scheitern verurteilt ist. Trotzdem enthält die Erzählung viel Schönes und Mutmachendes. Zwischen den Zeilen finden sich Aspekte einer glücklichen Entwicklung junger Menschen: Sammle Textbelege dafür.
- Warum nimmt Hans' Leben, obwohl er das Schöne und Mutmachende z. T. durchaus erkennt, einen tragischen Verlauf?

Unterm Rad – Aspekte einer glücklichen Entwicklung junger Menschen

- freie, verwilderte Knabenfreuden (13)
- Lust an der schönen Heimat (26)
- Leben und Freude/Lebendiges, Beglückendes (53)
- reife und gute Menschen denken ihre freudigen Gedanken und schaffen schöne, heitere Werke (53/54)
- Verstehen der Schönheit von alten Säulen und Mauern (69)
- Leben und Seele in der Literatur finden (73/74)
- Erleben alles Schönen und Freudigen, was der Jahreslauf mit sich bringt (128)
- das Leben eröffnet schöne weite Räume, die licht und freundlich sind (148)
- Vergnügen, unter seinen Händen etwas Sichtbares und Brauchbares entstehen zu sehen (150)
- …

Notizen

Baustein 4: Weitere Analyseaspekte

4.1 ❐ Gegensätze

Unter den verschiedenen Analyseaspekten sollen hier die Gegensätze als Gestaltungsmittel der Erzählung herausgegriffen, aber nicht überbetont werden. Gegensätze können eher äußerlicher Art (z. B. Natur – Gesellschaft) sein oder stärker in Hans selbst bestehen (z. B. Faszination – Qual des Lernens), meist sind äußere und innere Gegensätze jedoch stark miteinander verwoben.

Vorsicht ist geboten, wenn Hans Giebenrath und Hermann Heilner als gegensätzliche Charaktere einander gegenübergestellt werden (vgl. Tafelbild, Seite 52). Die genannten Kriterien sind eindeutig und zutreffend, sie lassen sich am Text belegen. Andererseits suggeriert die Konfiguration, dass Hans und Hermann klar definierbare Persönlichkeiten ohne innere Spannungen seien. Das Gegenteil ist der Fall: Im Vergleich zu Hans halten sich in Heilner die Widersprüche in Grenzen; er ist „nach mancherlei weiteren Geniestreichen und Verwirrungen" (107) auf dem Weg zu einem Menschen, der innere und äußere Gegensätze vereinen kann und dadurch lebensfähig wird. Hans erlebt zu viele und zu starke Gegensätze in sich und verfügt andererseits nicht über die erforderlichen Bewältigungsmöglichkeiten, um damit zu leben.

Hermann Hesse hat sich immer wieder dieser Thematik gewidmet (vgl. z. B. seinen faszinierenden Text *Zwei Welten*, der u. a. in der EINFACH DEUTSCH-Textausgabe: *Wedekind – Frühlings Erwachen* zu finden ist).

Eine individualisierende Ergänzung wäre durch die Frage möglich: „Welche Gegensätze erkennst du in dir und deinem Leben in unserer Gesellschaft?"

❐ *Unterm Rad wird von zahlreichen Gegensätzen durchzogen. Benenne diese Gegensätze.*
❐ *Inwieweit ist es sinnvoll, dabei zwischen inneren und äußeren Gegensätzen zu differenzieren?*
❐ *Welche Bedeutung besitzen die Gegensätze für Hans' Verfassung?*

Die beiden folgenden Gegenüberstellungen lassen sich in verkürzter Form an der Tafel entwickeln:

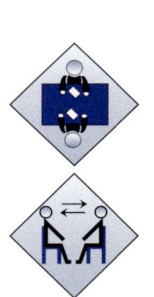

Baustein 4: Weitere Analyseaspekte

Gegensätze in *Unterm Rad*

Schwarzwaldort (7ff.)	Stuttgart (18ff.)
Recht auf eigenes Leben (z. B. 32ff.)	gesellschaftliche Zwänge (z. B. 8ff.)
Verachtung anderer (36)	Wunsch nach Freunden (66)
Theologie als Kunst (Flaig) (40)	Theologie als Wissenschaft (Stadtpfarrer) (40)
Faszination des Lernens (45)	Qual des Lernens (90ff.)
Natur (46f.)	Gesellschaft (46f.)
lärmendes junges Leben (57)	altertümlich einsiedlerische Würde und Ruhe (57)
Verlangen nach Absonderung (65)	Bewusstsein der Gleichheit (65)
Heilner: der Leichtsinnige/ Dichter (73)	Hans: der Gewissenhafte/Streber/ Musterknabe (73)
Geist (91)	Gesetz (91)
Glück „im Kinderlande" (118ff.)	Vereinnahmung durch die Schule (9ff.)
„Zum Falken" (118)	Gerbergasse (118)
Lehrer (9ff.)	Flaig (13f.) und Rechtenheil (120f.)
Lust (133)	Pein/böses Gewissen (133)
Zurückkehren (ins Leben) (136)	Abschiednehmen (vom Leben) (136)
Versprechungen (des Lebens) (136)	Forderungen (des Lebens) (136)
Werkstatt = Leben (151)	Maulbronn = Scheinleben (53)
Lehrling braucht keine Gedanken (150)	reine und ideale Studien (54)
...	...

↘ ↙

Hans kann weder mit den inneren/psychischen noch mit den äußeren Gegensätzen umgehen. Er leidet unter dieser Spannung.

❒ Stelle die Figuren „Hans Giebenrath" und „Hermann Heilner" einander gegenüber.
Wähle besonders solche Persönlichkeitseigenschaften/Verhaltensweisen, in denen sich die beiden stark voneinander unterscheiden.
❒ Leite aus dieser Gegenüberstellung ab, warum Hans stirbt, während Heilner lebt.

Charakterisierung der Figuren „Hans Giebenrath" und „Hermann Heilner"

Baustein 4
Arbeitsblatt 11

❏ Charakterisiere die Figuren „Hans Giebenrath" und „Hermann Heilner" anhand der genannten sowie ggf. weiterer selbst gewählter Kategorien.
Ergänze jeweils einen Textbeleg durch Angabe der Seitenzahl in Klammern.

	Giebenrath	Heilner
Leistungsbereitschaft		
Wertschätzung von (schulischen) Kenntnissen		
Gewissenhaftigkeit		
Selbstständigkeit		
Beeinflussbarkeit durch andere		
Haltung gegenüber Lehrern		
Anpassungsfähigkeit		
Freiheitswunsch		
Reflexion der eigenen Lebenssituation		
Eigenwilligkeit		
Ausprägung des Selbstbewusstseins		
...		
...		

51

Giebenrath – Heilner

Giebenrath	Heilner
ehrgeizig	arbeitet wenig
ängstlich/schüchtern	leidenschaftlich/lebhaft/lebendig
Erkenntnisdurst	verachtet Kenntnisse
Streber/Musterknabe	„Dichter und Schöngeist" (61)/fantasievoll
gewissenhaft/sorgenvoll	leichtsinnig
„vor sich selber auf der Flucht" (148)	„begann schon [...] eigene Bahnen zu wandeln" (61)
passiv/lässt sich fremdbestimmen	„hatte eigene Gedanken und Worte" (69)
empfindet oft Respekt/Hochachtung	verachtet seine Umgebung/unzufrieden
ignoriert sein Inneres	hört auf „seine Seele" (70)
leidet unter depressiven Stimmungen	sentimental/genießt seine Traurigkeit
gefügig	„revolutionäre Reden über Schule und Leben" (75)
„unterm Rad"	Freiheit
reflektiert seine Lebenssituation nicht „willenlos" (138)	reflektiert seine Lebenssituation starker Wille
...	...

⇓   ⇓   ⇓   ⇓

kein Selbstbewusstsein ⇒ stirbt   selbstbewusst ⇒ lebt

4.2 ☐ Tod

Hinweise auf den Tod ziehen sich direkt und indirekt durch die gesamte Erzählung. Dass der Protagonist Hans Giebenrath kurz nach dem vorzeitigen Abschluss seiner Schullaufbahn sterben muss, weist *Unterm Rad* einmal mehr als Beispiel der Schulliteratur aus. Die Schule hat Hans in den Tod getrieben. Hinter der recht allgemeinen Bezeichnung „die Schule" stehen Ephorus, Rektor, Lehrer, Stadtpfarrer, Vater, Mitschüler und der gesellschaftliche Erwartungsdruck an einen überdurchschnittlich begabten jungen Menschen.

In der Konzentration auf die Hauptfigur darf nicht unberücksichtigt bleiben, dass auch Hindinger stirbt (83ff.) und dass der Tod von Seminaristen grundsätzlich nicht ausgeschlossen ist, vielmehr zur „alten" Schule dazugehört. Der Tod kann die Lehrer allerdings nur kurzfristig an die Besonderheit ihrer Aufgabe erinnern: „Einen toten Schüler blicken die Lehrer stets mit ganz andern Augen an als einen lebenden, sie werden dann für einen Augenblick vom Wert und von der Unwiederbringlichkeit jedes Lebens und jeder Jugend überzeugt, an denen sie sich sonst so häufig sorglos versündigen." (85)

Hans' Entwicklung wird gravierend dadurch beeinflusst, dass er ohne seine Mutter aufwächst. Auch seinen Freund und „Lehrer" Hermann Rechtenheil verliert Hans. Als „Tröster" (114) bleibt ihm nur der erlösende Gedanke an den eigenen Tod. Ein aufmerksames Textstudium wird zeigen, dass Hans auch in seinem Todeswunsch wenig bewusst und konsequent ist: „Warum er nicht schon längst an jenem Aste hing, wußte er selbst nicht recht." (115) Schließlich findet er den Tod im Wasser, zu dem er in seinem kurzen Leben eine tiefe, ja leidenschaftliche Beziehung hatte: Der Fluss bescherte ihm seine glücklichsten Momente.

Im Zusammenhang mit dem Tod kann auch auf die tragischen Aspekte der Erzählung eingegangen werden. Tragisch ist, dass
- Hans' Freundschaft zu Heilner seinen Schulaustritt bewirkt und damit schließlich zum Tod führt,
- die Beziehung sowohl zu Emma Geßler als auch zu Flaigs Nichte Emma für Hans enttäuschend sind,
- Hans auf dem Heimweg von einer Feier stirbt,
- sein Tod genauso diffus bleibt wie alle seine existenziellen Entscheidungen.

❏ *Der Tod spielt in* Unterm Rad *durchgängig eine Rolle, z. T. indirekt und z. T. direkt.*
   Trage Beispiele dafür zusammen.
❏ *Aus welchen Gründen beschließt Hans zu sterben?*
❏ *Wie bewusst trifft er diesen Entschluss?*
❏ *Wie konsequent setzt er ihn um?*

Der Tod in *Unterm Rad*

↓   Hans' Mutter (8)
 ↓   Tod als lyrisches Thema (67)
  ↓   Tod von Seminaristen (83)
   ↓   Hindinger (83 ff.)
    ↓   Lehrer und tote Schüler (85)
     ↓   Hans' Todesgedanke (114)
      ↓   Hans' Sterbestätte (114)
       ↓   Hans' Beschluss/Wunsch zu sterben (115/126)
        ↓   Hans: Lust und Todesmüdigkeit (139/144)
         ↓   Hans' Tod (164)

Unterm Rad = chronologische Erzählung mit Rückblicken in Hans' Kindheit
 ↑   ↓
 ← Rechtenheil (121)

❏ *Vorausgesetzt, alle Hauptpersonen der Erzählung wären an Hans' Grab versammelt: Formuliere kurze Statements, in denen die Hauptpersonen Hans' Tod kommentieren.*
❏ *Tragt diese Statements in einer szenischen Darstellung mit zur Figur passendem Tonfall/passender Körperhaltung vor (pro Durchgang tritt jede Hauptfigur einmal an Hans' Grab).*

4.3 ☐ Intention

Hesse weist darauf hin: „Meine Dichtungen sind alle ohne Absichten, ohne Tendenzen entstanden." Andererseits wählt er die Formulierung: „[...] wie ich in meinem nächsten Roman erweisen werde". Sicherlich ist die Frage nach der möglichen Intention eines Schriftstellers im Rahmen der Analyse und Interpretation seiner Werke legitim, egal welche Bezeichnung dafür gewählt wird: Absicht, Botschaft, Intention etc. Vielleicht wäre der Sinn-Begriff angemessen.
Demzufolge lässt sich fragen:
Welchen möglichen Sinn könnte Hesse mit *Unterm Rad* verbunden haben?
- Schulkritik
- (An-) Erkennen gegensätzlicher Persönlichkeitsanteile
- Sensibilisierung für Jugendkrisen und Entwicklungsaufgaben im Jugendalter
- Kritik an der Kirche
- Warnung vor übermächtigen gesellschaftlichen Mechanismen (wie Tradition/Autorität)
- Verteidigung des Individuums
- Anklage schlechter Lehrer
- Ablehnung autoritärer Erziehung
- Verdeutlichung von Gefahren bei Überforderung Jugendlicher
- Plädoyer für das Ausleben jeder Lebensstufe
- Aufweis der Bedeutung (der Förderung) des Selbstbewusstseins
- Andeutung von Möglichkeiten einer glücklichen Entwicklung junger Menschen
- Eintreten für eine Würdigung des „Selbst"
- Hinweis auf den Wert echter Bildung
- Illustration des „Eigen-Sinns"
- etc.

Je nachdem, welcher Stellenwert der Unterricht dieser Frage nach dem „Sinn" von *Unterm Rad* beimisst, kann aus den oben genannten Aspekten ein Arbeitsblatt gestaltet werden. Dazu ließe sich z. B. das Punktevergabesystem zur individuellen Gewichtung und Bewertung verwenden. Das „etc." verweist auf die Offenheit der Überlegungen für weitere, eigene Deutungen. Die „Sinn-Frage" schließt ein kleinschrittigeres Vorgehen selbstverständlich nicht aus. Je tiefer wir in den Text hineingehen, umso vielfältigere Aspekte werden wir entdecken; so werden die Lernenden sicherlich auf die Bedeutung von Freundschaften und (Liebes-) Beziehungen hinweisen.
Sollten die Schülerinnen und Schüler während ihrer Erstlektüre ein Lesetagebuch geführt haben, finden sich darin vielleicht bereits Gedanken zur möglichen Intention der Erzählung.

Unterm Rad – Hesses Intention

Baustein 4
Arbeitsblatt 12

Hesse betont, dass seine Texte ohne bestimmte Absichten verfasst wurden; andererseits äußert er sich durchaus zu ihrem Sinn und ihrer Bedeutung.
- *Beschreibe auf der Grundlage der hier abgedruckten Zitate sowie deiner Einschätzung der Erzählung, was Hesse mit* Unterm Rad *hat ausdrücken wollen.*
- *Prüfe deine Position anhand der bisherigen Unterrichtsergebnisse.*

Kommentare Hesses zu *Unterm Rad*

1. „‚Non vitae, sed scholae [discimus]' ist eben doch der erste Grundsatz des heutigen Staatsschulsystems, wie ich in meinem nächsten Roman erweisen werde."

2. „Wenn das Erziehungssystem es verkraftet hätte, beide Komponenten, die gutwillig-strebsame des Hans Giebenrath und die selbständig-phantasievolle des Hermann Heilner, als lebensnotwendige Polaritäten zu erkennen und miteinander zu verbinden, dann wäre der Schule das Ausbrechen ihrer begabtesten Schüler erspart geblieben."

3. „In der Geschichte und Gestalt des kleinen Hans Giebenrath, zu dem als Mit- und Gegenspieler sein Freund Heilner gehört, wollte ich die Krise jener Entwicklungsjahre darstellen und mich von der Erinnerung an sie befreien, und um bei diesem Versuche das, was mir an Überlegenheit und Reife fehlte, zu ersetzen, spielte ich ein wenig den Ankläger und Kritiker jenen Mächten gegenüber, denen Giebenrath erliegt und denen einst ich selber beinahe erlegen wäre: der Schule, der Theologie, der Tradition und Autorität."

4. „Sie werden an meinem nächsten Buche sehen, daß ich gegen unsere heutige offizielle Art von Schule und Schulmeisterei schwere Anklagen auf dem Herzen habe, aber jeder Lehrer, der seinen Beruf innerlichst versteht und übt, ist in meinen Augen ein Held und Wohltäter."

5. „Meine Dichtungen sind alle ohne Absichten, ohne Tendenzen entstanden. Wenn ich aber nachträglich nach einem gemeinsamen Sinn in ihnen suche, [...] können sie alle als eine Verteidigung (zuweilen auch als Notschrei) der Persönlichkeit, des Individuums gedeutet werden. Der einzelne, einmalige Mensch mit seinen Gaben und Neigungen ist ein zartes, gebrechliches Ding, er kann wohl einen Anwalt brauchen. Und so wie er alle großen und starken Mächte gegen sich hat: den Staat, die Schule, die Kirchen, die Kollektive jeder Art, die Patrioten, die Orthodoxen und Katholiken aller Lager, so habe ich und haben meine Bücher immer alle diese Mächte gegen sich gehabt und bekamen ihre Kampfmittel, die anständigen wie die brutalen und gemeinen, zu spüren."

- *Was wollte Hesse mit* Unterm Rad *ausdrücken?*

4.4 ☐ Interpretation

Die Interpretationsansätze auf Arbeitsblatt 13 (Seite 58) wurden der Literatur entnommen, wo sie nicht explizit als Deutungen von *Unterm Rad* bezeichnet wurden. Die Kommentierungen und Wertungen dieser Zitate in der nachstehenden Übersicht gelten demnach ausschließlich im Zusammenhang des hier bestehenden didaktisch-methodischen Kontexts und dürfen keinesfalls als wissenschaftliche Kritik an den Autorinnen und Autoren verstanden werden.

Interpretations-ansatz	Trag-weite	ausgeblendet bleibt ...	Bemerkung
Böttger	••	Selbstbewusstsein	ist sein Tod wirklich „Protest"?
Eloesser 1	•	inhaltliche Begründung	falsch; vielmehr: „Tragik"!
Eloesser 2	•	Selbstbewusstsein	wo bleibt Hans' eigene Verantwortung?
Esselborn-Krumbiegel 1	•••		auch Heilner und Emma haben verderblichen Einfluss
Esselborn-Krumbiegel 2	•••		woraus resultieren Labilität und mangelnde Selbstkompetenz?
Field	••	inhaltliche Begründung	Deutung bleibt unvollständig
Glöckner/ Lange	••	Selbstbewusstsein	warum zerbrechen Heilner und Hans' Mitschüler nicht?
Gregor-Dellin 1	•••	inhaltliche Aspekte	sehr gute Teildeutung, an die angeknüpft werden kann
Gregor-Dellin 2	•	Selbstbewusstsein	betrifft nur einen Teilaspekt der Erzählung
Heuss	•	Selbstbewusstsein/Schule	betrifft nur einen Teilaspekt der Erzählung
Karst	•	Selbstbewusstsein/Schule	betrifft nur einen Teilaspekt der Erzählung
Michels	••	inhaltliche Aspekte	die „Gegenkräfte" müssten benannt werden
Michael Müller	•	Selbstbewusstsein	zu schmaler Bezug zur Gesamterzählung
Westphalen	•	Selbstbewusstsein	betrifft nur einen Teilaspekt der Erzählung

Ziel des Arbeitsblattes ist es, die Schülerinnen und Schüler mit einer größeren Bandbreite an *Unterm Rad*-Interpretationen auf verschiedenen Ebenen zu konfrontieren. So stellt z. B. das Zitat von Michels gar keinen Interpretationsansatz im eigentlichen Sinne dar, kann jedoch als außerordentlich interessante Reaktion oder Antwort auf die Erzählung bezeichnet werden. Michels konfiguriert unter der Überschrift „Interpretationsansätze" mit der eindeutigen Betonung auf „-ansätze". Der Gedanke kann durchaus zu einer treffenden Interpretation von *Unterm Rad* weiterentwickelt werden. Gerade in solchen Impulsen liegt die Funktion des Arbeitsblattes. Ziel wird immer ein *eigener* Interpretationsansatz der Schülerinnen und Schüler sein, der sich allerdings durchaus aus den ihnen hier präsentierten Überlegungen speisen darf. Vielleicht liegen gerade in der differenzierten Kritik an fremden Überlegungen Möglichkeiten der Entwicklung eigener Deutungen auf hohem Niveau.

Gregor-Dellin, ein ausgezeichneter Kenner der Schulliteratur, benennt mit seiner These „Das Schulthema vertritt ausschnitthaft die Lebensproblematik" ein für die gesamte Schulliteratur zutreffendes Charakteristikum. Die Deutung gilt für Moritz Stiefel (*Frühlings Erwachen*), für Hanno Buddenbrook (*Schulepisode/Buddenbrooks*), für Heinrich Lindner (*Freund Hein*) wie für Kurt Gerber (*Der Schüler Gerber*) und zahllose andere Protagonisten dieser Textgruppe. Immer ist die Schule eine Gesellschaft im Kleinen, in der die gleichen Mechanismen, Beziehungen, Gesetze, psychischen Anforderungen, Bewältigungsformen etc. existieren wie in der eigentlichen Gesellschaft. Im Bereich der Bewältigungsformen liegt der zentrale Inhalt von *Unterm Rad*; darauf deuten die Interpretationsansätze von Esselborn-Krumbiegel: Schule wie (gesellschaftliches) Leben kann nur bewältigen, wer ein stabiles Selbstbewusstsein ausbilden konnte.

Nachdem die Schülerinnen und Schüler ihre eigenen Interpretationsansätze entwickelt haben, sollten sie diese in je einem Satz formulieren und auf einem Kärtchen notieren. Die Karten werden eingesammelt, gemischt, neu verteilt und kommentiert. So kann ein intensiver Austausch über Deutungen von *Unterm Rad* evoziert werden.

Notizen

Interpretationsansätze zu *Unterm Rad*

Baustein 4 – Arbeitsblatt 13

- ❏ Überprüfe die einzelnen Interpretationsansätze auf ihre Plausibilität.
- ❏ Wähle nun diejenigen aus, denen du am ehesten zustimmen kannst (ggf. mit dem Punktevergabesystem).
- ❏ Beurteile, inwieweit die von dir gewählten Interpretationsansätze wirklich den Bedeutungsgehalt von Unterm Rad abdecken.
- ❏ Falls wesentliche Aspekte der Erzählung ausgeblendet bleiben: Formuliere einen eigenen Interpretationsansatz zu Unterm Rad.

1. „Sein Tod [...] ist der Protest gegen jene in der Erzählung so vielsagend enthüllte Unterdrückung und Knechtung eines jungen Menschen." (Böttger)

2. „Miniaturtragik" (Eloesser)

3. „Anleitung für Eltern, Vormünder und Lehrer, wie man einen gesunden, begabten jungen Menschen am zweckmäßigsten zugrunde richtet" (Eloesser)

4. „Der verderbliche Einfluss seiner Erzieher führt nicht nur zu einer außengeleiteten Fehlentwicklung, sondern beeinträchtigt auch das Verhältnis des Jungen zu sich selber." (Esselborn-Krumbiegel)

5. „Wird Hans Giebenrath ein Opfer seiner verständnislosen Umwelt, entwirft der Roman seines Scheiterns ein anklagendes Bild des durch gesellschaftlichen Zwang zerstörten Individuums, oder scheitert der Heranwachsende nicht viel eher an seiner eigenen psychischen Labilität, seiner Unfähigkeit, mit sich selber im Einklang zu leben?" (Esselborn-Krumbiegel)

6. „Wie der Leser den Tod deutet, bleibt aber unwichtig, weil das Leben des jungen Hans hoffnungslos geknickt und ohne Zukunft erscheint." (Field)

7. „Das Schicksal des begabten Hans Giebenrath, den der Ehrgeiz seines Vaters und der Lokalpatriotismus seiner Heimatstadt „unters Rad" drängen, steht für eine Erziehung, die ohne Rücksicht auf die innere Reifung und Entwicklung des heranwachsenden Menschen das Individuum in ein System der Zwänge einspannt, in dem es letztlich zerbrechen muss." (Glöckner/Lange)

8. „Das Schulthema vertritt ausschnitthaft die Lebensproblematik." (Gregor-Dellin)

9. „Das Reich der Kindheit, eine bunte Spielwiese mit dunklen, noch unerforschten Zonen und geheimnisvollen Rändern, wird von einem zeitlichen Einschnitt scharf begrenzt: Es ist der Eintritt in die Schule." (Gregor-Dellin)

10. „mit warmen Worten das Recht der Jugend auf eine Jugend verlangt" (Heuss)

11. „Kindheit muss ausgelebt, darf nicht verkürzt, kann nicht nachgeholt werden" (Karst)

12. „Lassen wir uns also weiter von diesem Frühwerk Hesses verunsichern, [...] um – durch die Betroffenheit, die dieses Buch bewirkt – auch weiterhin außerliterarische Gegenkräfte zu entwickeln." (Michels)

13. „wenn man die Erzählung heute liest, mutet sie passagenweise wie ein historisches Dokument zur Erziehungspolitik einer vergangenen Epoche an" (Michael Müller)

14. „welche erhellenden und zutiefst wahren Erkenntnisse über das Wesen der Schule und die Bedeutung der Lehrergestalt uns die Literatur vermittelt" (Westphalen)

Baustein 5: Autobiografisches

5.1 ☐ Hesses Leben und *Unterm Rad*

Speziell im Fall von *Unterm Rad* ist es wichtig, sich mit dem Leben Hermann Hesses auseinander zu setzen. Das Tafelbild (vgl. Seite 61) zeigt autobiografische Elemente in der Erzählung, die die Schülerinnen und Schüler nach der Erarbeitung der Zusatzmaterialien erfassen können. Stärker sollte dieses Thema nicht gewichtet werden, weil der Unterricht sonst leicht in die Gefahr von Spekulationen gerät. Eine definitive Beurteilung, welche Einzelheiten inwieweit autobiografisch sind – und vor allem: warum –, kann in der Schule nicht geleistet werden.

Hesses *Kurzgefaßter Lebenslauf*, soweit er in Zuatzmaterial 7, Seite 82 abgedruckt ist, spricht viel Problematisches und Schicksalhaftes im Leben dieses jungen Menschen an. Hesse äußerte sich immer wieder zu seinem Verhältnis gegenüber Autorität/en. Aufgrund seines „Eigen-Sinns" war er in der Lage, seine aussichtslose existenzielle Situation, wie sie im letzten Absatz des Lebenslaufs drastisch geschildert wird, zu überwinden und durch Kreativität und Produktivität ins Positive zu wenden. Ohne seine spezifischen Erfahrungen in Kindheit und Jugend wäre nie Hesses weltberühmtes Werk entstanden, das immer wieder den Kampf des Individuums mit Außen- und Innenwelt thematisiert.

Hesses Briefe aus Maulbronn decken sich weitestgehend mit dem Schul-/Erziehungs-Bild der Erzählung, z. T. übertrifft die Realität die Fiktion noch in der Härte und Unerbittlichkeit des schulischen Zwangssystems.

Das Verhältnis Hesses zu seinem Heimatort Calw wird in *Unterm Rad* wie in Lebensberichten des Schriftstellers ambivalent dargestellt. Die Lesenden mögen beurteilen, inwieweit der Begriff „Hassliebe" angemessen ist. Interessant sind Formulierungen wie „wenn ich in diesem schönen Calw sitzen geblieben wäre" (vgl. Zusatzmaterial 10, Seite 88, Zeile 24/25) und „Wenn ich ein Baum wäre, so stünde ich noch dort." (Zeile 38/39)

Abschließend sollen noch drei Gedanken aus der Sekundärliteratur präsentiert werden, die die autobiografischen Spuren in *Unterm Rad* betreffen. Sollen sie im Unterricht eingesetzt werden, ist allerdings zu bedenken, dass die Lernenden hier nur wenige eigene Beurteilungen vornehmen können; es ist Sache der Forschung zu ermitteln, was „rekonstruierbar", „Oberflächenzeichnung" oder „verfremdet" ist und was nicht.

- „Fast alle in *Unterm Rad* geschilderten Episoden und Einzelheiten sind für uns mittlerweile rekonstruierbar." (Michels)
- „*Unterm Rad* ist, was das Biografische betrifft, eine Oberflächenzeichnung." (Unseld)
- „fiktional verfremdetes Ich" (Karst)

Aus den Zusatzmaterialien 6-10 (vgl. Seite 81ff.) können Teile in Referaten in die Unterrichtsreihe einfließen. Dazu kann den Schülerinnen und Schülern der sicherlich in den Bibliotheken verfügbare Hesse-Band aus der Reihe *rororo-bildmonographien* empfohlen werden, in dem für *Unterm Rad* vor allem die ersten beiden Kapitel relevant sind.

Baustein 5: Autobiografisches

Der folgende Arbeitsauftrag bezieht sich auf Zusatzmaterial 7 (vgl. S. 82).

- *Gib die Hauptgedanken aus Hesses kurz gefasstem Lebenslauf mit deinen eigenen Worten wieder.*
- *Wie empfindest du den Grundton der Darstellung?*
- *Beziehe die folgenden Textstellen so konkret wie möglich auf* Unterm Rad*:*
  1. „Menschen [...] welche sich ihr eigenes Gesetz gaben und mit den überkommenen Geboten brachen"
  2. „mein Verhältnis [...] zu aller Autorität war verfälscht und verbittert"
  3. „Kämpfe, welche keinem erspart bleiben, der eine Persönlichkeit werden soll"

Der folgende Arbeitsauftrag bezieht sich auf Zusatzmaterial 8 (vgl. S. 83).

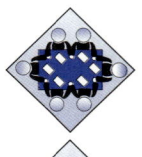

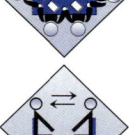

- *(Vor dem Betrachten der Abbildung:)*
  Wie stellt ihr euch das Kloster Maulbronn vor?
  Lest nochmals die Seite 53 und macht euch euer Bild von der Klosteranlage bewusst.
- *(Nach dem Betrachten der Abbildung.)*
  Hattet Ihr euch das Kloster so, so ähnlich oder ganz anders vorgestellt?
- *Beschreibt die Abbildung so differenziert wie möglich.*
- *Übrigens: Die Anlage sieht heute immer noch so aus und enthält auch heute noch eine Internatsschule.*
  Würdest du hier gerne zur Schule gehen? Begründe deine Entscheidung.

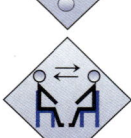

Der nächste Arbeitsauftrag bezieht sich auf Zusatzmaterial 9 (vgl. S. 84ff.).

- *Hermann Hesse war selbst Schüler in Maulbronn. Die Briefe stammen aus seiner Schulzeit.*
  Beschreibe das sich aus den Briefen ergebende Schul-Bild.
- *Wie groß ist die Diskrepanz zwischen dem (durch die Briefe vermittelten) „authentischen" Schul-Bild und dem (in* Unterm Rad *literarisierten) fiktiven Schul-Bild?*

Der folgende Arbeitsauftrag bezieht sich auf Zusatzmaterial 10/2 (vgl. S. 88).

- *Beschreibe das Verhältnis von Hesse zu seiner Heimatstadt.*
  Inwieweit ist diese Beziehung positiv, inwieweit negativ?
- *Verdeutliche dir, wie „das kleine Schwarzwaldnest" (S. 8) in* Unterm Rad *dargestellt wird.*
- *Zeige, wie sich Hesses Verhältnis zu seiner Heimatstadt in dieser Darstellung widerspiegelt.*

- *Stelle gegenüber, welche Aspekte aus dem Leben Hesses (soweit es dir bisher bekannt ist) sich in* Unterm Rad *(mehr oder weniger verfremdet) wiederfinden.*
- *Welche Bedeutung kann es für eine/n Schriftsteller/in haben, eigene Kindheits-/Jugend-/Schul- bzw. Lebenserfahrungen in einem Buch darzustellen?*
- *Welche Funktion können in diesem Zusammenhang literarische Verfremdungen der Realität besitzen?*

Autobiografisches in *Unterm Rad*

Unterm Rad	Leben Hesses
Schauplatz	Heimatstadt Calw
Hans Giebenrath	der jüngere Bruder heißt Hans
Giebenrath	Name einer Calwer Familie
Landexamen	besteht mit 14 das Stuttgarter Landexamen als Zweitbester von 79
der fromme Pietist Flaig	stammt aus einer streng pietistischen Familie
Maulbronn	kommt im September 1891 nach Maulbronn
Stube Hellas	wohnt in der Stube Hellas
Hermann Heilner + *Hermann* Rechtenheil	Hesses Vorname
Giebenrath und Heilner	Persönlichkeitseigenschaften Hesses
„Dichterjüngling" Heilner	früher Wunsch, „entweder Dichter oder gar nichts werden" zu wollen
Heilner: „daß sein Wille stärker war als Befehle und Verbote" (106)	„ich [...] habe mich gegen Gebote jeder Art [...] stets widerspenstig verhalten"
Heilners Flucht aus Maulbronn	bricht im April 1892 aus Maulbronn aus
Emma Geßler (26) + Emma (130)	litt unter einer enttäuschten Liebe
Hans' Todeswunsch	Selbstmordversuch im Juni 1892
Hans wird Lehrling in einer Werkstatt	1894/95 Praktikant in einer Turmuhrenfabrik
...	...

5.2 ☐ Hermann Hesse – Dichter des „Selbst"

Der Bausteinteil bezeichnet Hesse als „Dichter des *Selbst*". In seinem Werk, Hesses Äußerungen (dazu) wie in der Sekundärliteratur stoßen wir immer wieder auf diesen Begriff bzw. entsprechende Komposita oder Formulierungen. Wer das Leben von Hans Giebenrath analysieren will, findet geeignete Ansatzpunkte in den Begriffen Selbstvorwürfe, Selbstbewusstsein, Selbstvertrauen, Selbstbild, Selbstbetrug, Selbstkompetenz u.v.a. Dabei präsentiert die Erzählung eine scheiternde Entwicklung. *Unterm Rad* kann in dieser Hinsicht als „Seelenbiografie mit tragischem Ausgang" bezeichnet werden. „Hans war ruhelos vor sich selber auf der Flucht." (148) Die Verantwortung dafür liegt z. T. bei den Instanzen, die ihn „unters Rad" zwingen, z. T. jedoch bei ihm selbst, der sich – im Gegensatz zu Heilner und vielen anderen – „unters Rad" zwingen lässt.

Baustein 5: Autobiografisches

Arbeitsblatt 14 (Seite 63) regt zu einem subjektorientierten Einstieg in die Thematik an. Dazu benötigen die Schülerinnen und Schüler Ruhe und Konzentration. Ein Austausch über die Ergebnisse sollte nur auf freiwilliger Basis stattfinden.

Die Hesse-Sentenzen (vgl. Arbeitsblatt 15, Seite 64) sollten den Lernenden nicht vorenthalten werden, zumal sich viele Bezüge zu *Unterm Rad* erarbeiten lassen. In diesem thematischen Kontext erscheint die bereits mehrfach erwähnte Bildungs-„Definition" Hesses nochmals in neuem Licht. Sie kann als auf Eigenes, auf *mein* Leben, *meine* Vergangenheit, *meine* Zukunft, d. h. auf mich *selbst* konzentriert gedeutet werden.

Die vierte Sentenz zeigt uns: Hans' Leben war kein „Weg zu sich selber hin", sondern ein Weg von sich selber fort; im Anschluss an die glückliche Kindheit setzt ein Entfremdungsprozess ein, der in den Tod mündet. Hans konnte keine „Beziehungen [...] zum eigenen Ich" (vgl. Zuatzmaterial 11/1, Seite 89) aufbauen; seine „Beziehungen zur Welt" (s. d.) waren größtenteils Beziehungen zu schulischen Lehrinhalten (vgl. Seite 25), die in Qualität und Quantität dazu beitrugen, Entfremdungsprozesse vom eigenen Ich hervorzurufen und zu verstärken.

Die fünfte Sentenz verdeutlicht, dass Hesse Lehrer nicht verbittert ablehnt; dies wäre eine falsche Schlussfolgerung aus der Erzählung. Wahre Lehrer, die „echte Bildung" vermitteln wollen, müssen jungen Menschen Rahmenbedingungen schaffen für den „Weg zu sich selber hin", dürfen ihnen diesen Weg nicht verstellen oder sie davon ablenken bzw. daran hindern, ihn zu gehen.

Nicht nur Hesse-Sentenzen können wertvolle Perspektiven auf *Unterm Rad* eröffnen; das zeigen die Gedanken, die Arbeitsblatt 16 (vgl. Seite 65) anbietet:

	Bezug zu *Unterm Rad*
Fleming	Hans hätte aufgrund einer Reflexion seiner Kindheit einen anderen (Aus-) Bildungsweg einschlagen müssen.
von Hentig	Die „alte" Schule ignorierte die Lebensprobleme der ihr anvertrauten Schüler, was oft zu deren Scheitern führte.
Husserl	Es war nicht Hans' Tragik, dass er sich nicht kannte, sondern dass er sich nicht kennen lernen konnte/wollte.
Montaigne	Hans hat – im Gegensatz zu Heilner – die Schwierigkeiten nicht auf sich genommen/konnte nicht vom Nutzen der Selbstbeschreibung profitieren.
Nietzsche	Hans hat weder nach diesem Weg gefragt, noch ist er ihn gegangen; deshalb führte sein Weg in den Tod.
Rousseau 1	Im Gegensatz zu Hans hat Heilner die Entfremdung durch das Bücherwissen durchschaut.
Rousseau 2	Alle diese Ziele hat Hans nicht annähernd erreicht; er hat sich nach seiner Kindheit eher davon entfernt.
Sartre	Hans hat nichts aus sich gemacht und starb.
Torberg	Hans hat kein Existenzwissen erworben und konnte nicht weiterleben.
Weltausstellung	Hans ist der Welt größtenteils in Form von Lehrinhalten begegnet und ist vor sich selbst geflohen.

Für das Verstehen der Erzählung wie des Hesse'schen Werks insgesamt kommt der Thematik des Bausteins 5.2 besondere Bedeutung zu. Methodisch sollte hier bewusst das klärende Unterrichtsgespräch im Mittelpunkt stehen, in dem die/der Unterrichtende das Verständnis dieser anspruchsvollen Problematik sicherstellen kann.

„Ich bin *ich selbst*."

Baustein 5 — Arbeitsblatt 14

„Bei Hesse finden sie [die Lesenden] die begehrte Ermahnung, sie selbst zu sein und ihr Leben zu leben, wie sie es wollen, nicht wie die Gesellschaft es vorschreibt."
(Marrer-Tising, aus dem Englischen übersetzt)

1. Skizziere stichwortartig, was der Satz „Ich bin ich selbst" für dich persönlich bedeutet.

2. Was heißt es für dich, dein Leben so zu leben, wie du es willst?

3. In welchem Maße kann die Gesellschaft dir vorschreiben, wie du dein Leben lebst?

4. Inwieweit verstehst du die Lektüre von Unterm Rad als „Ermahnung" im Sinne des obigen Zitats?

5. Warum kann Hermann Hesse als „Dichter des Selbst" bezeichnet werden?

Hesse-Sentenzen in ihrer Beziehung zu *Unterm Rad*

Baustein 5
Arbeitsblatt 15

Hesse-Sentenzen

1. „Echte Bildung [...] hilft uns, unsrem Leben einen Sinn zu geben, die Vergangenheit zu deuten, der Zukunft in furchtloser Bereitschaft offenzustehen."

2. „Wer eigensinnig ist, gehorcht einem anderen Gesetz, einem einzigen, unbedingt heiligen, dem Gesetz in sich selbst, dem Sinn des Eigenen."

3. „Einen Wissenden darf ich mich nicht nennen. Ich war ein Suchender und bin es noch, aber ich suche nicht mehr auf den Sternen und in den Büchern, ich beginne die Lehren zu hören, die mein Blut in mir rauscht."

4. „Das Leben jedes Menschen ist ein Weg zu sich selber hin, der Versuch eines Weges, die Andeutung eines Pfades."

5. „Lehrer brauchen wir nötiger als alles andere."

6. „Alle Dinge, die man gegen sein Gefühl und gegen sein inneres Wissen tut, anderen zuliebe, sind nicht gut und müssen früher oder später teuer bezahlt werden."

7. „Die Antwort bist du selbst."

Arbeitsfragen zu den Sentenzen 1-7:

1. Beschreibe andeutungsweise, wie eine solche Bildung aussehen könnte.
2. Veranschauliche den hier gemeinten Eigensinn am Beispiel des Hermann Heilner.
3. Arbeite die beiden Gegensätze deutlicher heraus.
4. Warum ist der „Weg zu sich selber hin" für den Menschen so schwierig (zu erkennen)?
5. Warum misst Hesse den Lehrern eine solche Bedeutung bei?
6. Beziehe diesen Gedanken so konkret wie möglich auf das Schicksal des Hans Giebenrath.
7. Angenommen, Hans hätte nach seinem Austritt aus Maulbronn einen Freund gebeten, ihm einen Ratschlag für sein weiteres Leben zu geben, und der Freund hätte diesen Satz erwidert: Inwieweit wäre Hans damit geholfen gewesen?

Unterm Rad – Erzählung des „Selbst"

Baustein 5
Arbeitsblatt 16

❏ *Bring jedes der zehn Zitate in Zusammenhang mit* Unterm Rad.
Formuliere dazu in jeweils einem Satz, wie du die Beziehung zwischen dem Sinn des Zitats und einem konkreten Inhalt der Erzählung deutest.
❏ *Wähle nun dasjenige Zitat aus, das deiner Ansicht nach die Problematik von* Unterm Rad *am besten spiegelt.*
❏ *Begründe deine Entscheidung.*

„und eh du förder gehst, so geh' in dich zurücke" *Fleming*	„Wir müssen es mit den Lebensproblemen der Schüler aufnehmen, bevor wir ihre Lernprobleme lösen können." *von Hentig*
„Jemand ‚kennt' sich nicht, ‚weiß' nicht, was er ist; er lernt sich kennen." *Husserl*	„Es gibt nichts Schwierigeres, aber auch nichts Nützlicheres, als die Selbstbeschreibung." *Montaigne*
„Es gibt in der Welt einen einzigen Weg, auf welchem niemand gehen kann außer dir: wohin er führt? Frage nicht, gehe ihn!" *Nietzsche*	„Ich hasse Bücher! Sie lehren nur, von dem zu reden, was man nicht weiß." *Rousseau*
„sich selbst zu erkennen sich selbst zu entfalten, wirklich zu leben und glücklich zu werden" *Rousseau*	„der Mensch ist nichts anderes, als wozu er sich macht" *Sartre*
„Sie wissen nichts von Wahrheit? Sie wissen nichts von Gerechtigkeit? Sie wissen nichts von Liebe? Davon wissen Sie nichts?! Ich danke, es genügt. Wir sind fertig, Kandidat Leben!" *Torberg (aus:* Der Schüler Gerber*)*	„Begegnen Sie der Welt und sich selbst." *Ein Motto der Weltausstellung 2000*

Begründung der eigenen Auswahl:

_____
_____
_____
_____
_____
_____
_____

Baustein 5: Autobiografisches

Die Ergebnisse des folgenden Arbeitsauftrages können auf lose Zettel geschrieben werden, die dann eingesammelt, gemischt, verteilt und von den Mitschüler/inne/n kommentiert werden:

- *Was ist der eigentliche Erzählinhalt von Unterm Rad? Formuliere deine Position so präzise wie möglich.*

Die nächsten Arbeitsaufträge beziehen sich auf Zusatzmaterial 11/1 (vgl. S. 89).

- *Benenne in wenigen Worten, wie Unterm Rad Hans' „Beziehungen zur Welt und zum eigenen Ich" darstellt.*
- *Wie wird zwischen diesen beiden Bereichen vermittelt?*
- *Konkretisiere deine Ausführungen an einem Textbeispiel.*

- *Wie würdest du den Begriff „Seelenbiografie" umschreiben oder „übersetzen"?*
- *Warum kann Unterm Rad als „Seelenbiografie" bezeichnet werden?*
- *Was zeigt eine „Seelenbiografie" den Lesenden?*

Der nächste Arbeitsauftrag bezieht sich auf Zusatzmaterial 11/2 (vgl. S. 89).

- *Nimm Stellung zum Brief des Gymnasiasten aus Tokyo.*
- *Inwieweit kannst du seine Haltung nachvollziehen?*
- *In welchem Maße findest du dich selbst in Unterm Rad?*
- *Was bedeutet es deiner Meinung nach, wenn Hesse schreibt, dass ein Mensch „auf dem Weg zu sich selbst" ist?*

Der folgende Arbeitsauftrag bezieht sich auf Zusatzmaterial 11/3 (vgl. S. 89).

- *Welchen Lebensgrundsatz/welche Lebensgrundsätze findest du persönlich in Unterm Rad?*
- *Entscheide dich für denjenigen, der dir am wichtigsten ist.*
- *Wie wird dieser Lebensgrundsatz in der Erzählung vermittelt?*
- *Was bedeutet Hesses Aufforderung „[...] so suchen Sie von dort aus weiter" für dich und deine Unterm Rad-Lektüre ganz konkret?*

Notizen

Baustein 6: Vergleichstexte

Baustein 6 Vergleichstexte

Baustein 6 bietet vier Vergleichstexte für *Unterm Rad* an, die für die Analyse und Interpretation der Erzählung größere Zusammenhänge eröffnen.

6.1 ❐ *Unterm Rad* und *Freund Hein*: Identitätskrise und Schulversagen

Das Tafelbild zu Emil Strauß' *Freund Hein* zeigt zahlreiche Gegensätze zwischen den Protagonisten Hans Giebenrath und Heinrich Lindner; trotzdem leiden beide im schulischen und gesellschaftlichen Zwangssystem, was ihre existenzielle Gesamtsituation durchaus vergleichbar macht. Bereits diese erste Parallele kontextuiert *Unterm Rad* und zeigt, dass das Schicksal des Hans Giebenrath nicht das eines völligen Außenseiters ist. Hier wird deutlich, dass die rein textimmanente Betrachtung der Erzählung ein ganz anderes Bild ergeben kann als eine textvergleichende Analyse. Schon der kurze Auszug aus *Freund Hein* zeigt typische Charakteristika der Schulliteratur und lässt *Unterm Rad* in anderem Licht erscheinen. Was die Identifikationsmöglichkeiten mit den Hauptfiguren betrifft, könnte Heinrich Lindner den Schülerinnen und Schülern etwas näher stehen als Hans Giebenrath. *Freund Hein* zeigt den unsrigen nähere schulische Rahmenbedingungen und vermeidet z. B. in der Schilderung der (z. T. verständnisvollen) Lehrer die Schwarz-Weiß-Malerei von *Unterm Rad*. Die Differenzierung nach „menschlicher Reife" und „Detailkenntnissen" (vgl. Folie, Seite 68) ist sicherlich in Hesses Sinn. Trotzdem unterliegen auch die in *Freund Hein* gezeigten Lehrer der Macht der Institution und können Heinrich die harte Erfahrung des Sitzenbleibens nicht ersparen.

Es wäre schade, wenn der kurze Strauß-Textauszug nur in Form eines Referats präsentiert würde, da er wichtige neue Perspektiven auf *Unterm Rad* eröffnen kann. Darüber hinaus ist er stilistisch recht interessant. Während die in diesem Modell mehrfach genannten Beispiele der Schulliteratur für ihre scharfe Schul- und Erziehungskritik entsprechende ironische Mittel aufweisen, wählt Emil Strauß für seine nicht minder tragische Darstellung einen positiven, warmen Erzählton. Die Schülerinnen und Schüler können sich diesen Unterschied zu *Unterm Rad* durch das Vortragen ausgewählter Passagen aus den beiden Texten verdeutlichen.

Der folgende Arbeitsauftrag bezieht sich auf Zusatzmaterial 12 (vgl. S. 90ff.).

❐ *Stelle die Hauptfiguren aus* Freund Hein *(Heinrich Lindner) und* Unterm Rad *(Hans Giebenrath) einander gegenüber. Konzentriere dich dabei auf Merkmale, in denen sie sich deutlich voneinander unterscheiden.*
❐ *Mit welchem der beiden Texte kannst du dich eher identifizieren? Warum?*
❐ *Im* Freund Hein-*Textauszug (Zeile 303ff.) differenziert Heinrichs Klassenlehrer zwischen „menschlicher Reife" und „Detailkenntnissen"; erachtest du diese Unterscheidung als sinnvoll? Begründe deine Position.*

Die nachstehende Gegenüberstellung kann auf Folie entwickelt werden.

Vergleich der Hauptfiguren von *Freund Hein* und *Unterm Rad*

Heinrich Lindner (*Freund Hein*, 1902)	Hans Giebenrath (*Unterm Rad*, 1906)
schwacher Schüler	begabter, ehrgeiziger Schüler
sein Vater ermutigt/bedauert ihn	sein Vater setzt ihn unter Druck
verzichtet für die Schule auf Treffen mit seinen Freunden	vernachlässigt für seine Freundschaft schulische Anforderungen
seine Leidenschaft gilt der Musik	hat keine wirkliche Leidenschaft
„schulwidriger Kopf", „ohnmächtig" gegenüber „dem ganzen gymnasialen Wesen"	identifiziert sich mit schulischen Inhalten und Lehrmethoden
empfindet Lernen als Belastung	erlebt z. T. die Faszination des Lernens
will die Schule verlassen, darf es aber nicht	will die Schule nicht verlassen, muss es aber
sein Vater ist gebildet und bemüht sich um Verständnis für Heinrich	sein Vater ist ungebildet und zeigt keinerlei Verständnis für Hans
Mathematikprofessor besitzt auch positive Eigenschaften; sympathischer, tröstender Ordinarius	die Lehrer besitzen keine positiven Eigenschaften
befindet sich mit „Schicksalsgenossen" in einer vergleichbaren Situation	erleidet als „Landexamensschlosser" ein Außenseiterschicksal
Ordinarius differenziert zwischen „menschlicher Reife" und „Detailkenntnissen"	sämtliche Lehrer sehen ausschließlich die Vermittlung des Unterrichtsstoffes
ist sich über seine schulische Situation und den Wert mathematischer Kenntnisse vollkommen klar	denkt nicht über die Bedeutung seiner Schullaufbahn und der vermittelten Kenntnisse nach
...	...

↘ ↙

trotz ihrer Gegensätzlichkeit leiden beide im schulischen „Zwangssystem"

Der nächste Arbeitsauftrag bezieht sich auf Zusatzmaterial 12 (vgl. S. 90ff.).

❏ *Hans Giebenrath und Heinrich Lindner unterhalten sich über ihre Schulerfahrungen. Verfasse einen Dialog. Orientiere dich dabei an wesentlichen Inhalten aus* Unterm Rad *und dem* Freund Hein-*Textauszug.*
❏ *Wenn sich Freiwillige finden, kann der Dialog szenisch vorgetragen werden.*

Baustein 6: Vergleichstexte

6.2 ☐ *Unterm Rad* und *Der Schüler Gerber*: Lebenssehnsucht und Tod

Friedrich Torbergs *Der Schüler Gerber* gehört zeitlich nicht mehr in die Textgruppe: *Frühlings Erwachen – Schulepisode/Buddenbrooks – Freund Hein – Unterm Rad*. Der Roman von 1930 ist in vielfacher Hinsicht sehr modern und zeigt mehr als alle anderen Texte der Schulliteratur typische Unterrichtsbilder. Wer kennt nicht die nervöse Anspannung vor einer Klassenarbeit oder die gefährlichen Versuche des Abschreibens? Wer könnte nicht von den „Tücken" der Lehrer/innen berichten und wer hat nicht immer wieder über den Nutzen so mancher Lehrstoffe nachgedacht ...? Der Schreibauftrag von Arbeitsblatt 17 (Seite 70) kann Beziehungen zwischen literarischen Texten und unserem Alltag sichtbar werden lassen und dadurch Literatur nahe bringen. *Gerber*, der sehr genau Unterrichtsprozesse unter die Lupe nimmt, wird klar verdeutlichen, dass der inhaltliche Schwerpunkt von *Unterm Rad* eher auf der Ebene der Persönlichkeitsentwicklung liegt. Der umfassende Bildvergleich (*Unterm Rad – Gerber –* heute) sensibilisiert für Konstanten in der Schul-/Unterrichtswirklichkeit und trägt somit zu einer vertiefenden Bewertung von *Unterm Rad* bei. Die textnahe und beeindruckende Verfilmung von *Der Schüler Gerber* sprengt mit 99 Minuten eine Doppelstunde. Sollte die Filmbildstelle einen Schnittplatz zur Verfügung stellen, können Schüler/innen ausgewählte Passagen auskoppeln und die Grundlage für einen Text-Bild-Film-Vergleich liefern. Das kann zusammen mit einer Kurzanalyse der Verfilmung durchaus ein Referatthema sein.

Der folgende Arbeitsauftrag bezieht sich auf die Filmbilder zu Torbergs *Der Schüler Gerber* (vgl. S. 97f.).
- ☐ *Beschreibt die Filmbilder aus* Der Schüler Gerber *so umfassend wie möglich. Berücksichtigt dabei auch die Gerber-Textauszüge.*
- ☐ *Welche Differenzen werden in der Schulunterrichtsdarstellung durch* Unterm Rad *und* Der Schüler Gerber *deutlich?*

- ☐ *Trefft für einen Vergleich eine Auswahl aus den zur Verfügung stehenden Bildern zu*
  1. Unterm Rad
  2. Der Schüler Gerber
  3. typischen Momenten des heutigen Schulalltags.
- ☐ *Beschreibt die Bilder eingehend und vergleicht sie miteinander.*
- ☐ *Welche Konsequenzen könnt ihr aus dem Vergleich ziehen, insbesondere für die von der Schule beeinflusste Situation des Hans Giebenrath?*

Falls die Verfilmung von Torbergs *Der Schüler Gerber* verfügbar ist und eingesetzt werden soll:
- ☐ *Welche Szene hat dich besonders beeindruckt? Warum?*
- ☐ *Äußert euch zunächst zum Gesamteindruck, den der Film vermittelt.*
- ☐ *Im Film spielen neben zahlreichen anderen Darstellungsmitteln Licht und Musik eine wichtige Rolle. Welche Stimmung wird dadurch hervorgerufen?*
- ☐ *Die Textauszüge aus* Der Schüler Gerber *beziehen sich auf acht entscheidende Ausschnitte des Handlungsverlaufs; beurteile auf ihrer Grundlage, wie eng die Verfilmung an ihre Romanvorlage angelehnt wurde.*
- ☐ *Enthält der Film weitere als die auf dem Arbeitsblatt genannten typischen Schul-/Unterrichtsbilder? Tragt sie zusammen.*
- ☐ *Vergleicht die (schulische) Situation des Kurt Gerber mit der von Hans Giebenrath. Wo liegen Parallelen, wo Gegensätze?*
- ☐ *Wie ist die Aktualität der im Film gezeigten Handlung zu bewerten?*

Typische Schul-/Unterrichtsbilder im Vergleich

Baustein 6
Arbeitsblatt 17

In den Textauszügen aus Torbergs Der Schüler Gerber *finden sich eine Reihe von typischen mit dem Unterricht zusammenhängenden Situationen.*
- *Notiere deine Assoziationen zu den unten genannten Bereichen: Gedanken zur Art von Torbergs Darstellung, Aktualität, eigene Erfahrungen etc.*
- *Wähle nun aus den zehn Aspekten denjenigen aus, der dir persönlich besonders aktuell, brisant, wichtig erscheint.*
- *Verfasse einen Text, der deine Sichtweise dieses Aspekts der Unterrichtswirklichkeit umfassend zum Ausdruck bringt. Du solltest dabei auch Gedanken zu* Unterm Rad *in deine Ausführungen einbeziehen.*

Typische Schul-/Unterrichtsbilder im Vergleich	
Der Schüler Gerber	**heute**
der normale Hergang des „Fortschreitens im Lehrstoff"	
Prüfung auf Zensur	
Katalog	
Hefte	
Nervosität vor Klassenarbeit	
Abschreiben in der Klassenarbeit	
blauer Brief	
Unterschriftsfälschung	
„Tücken" der Lehrer	
Nachdenken über den Nutzen des Lehrstoffs	
...	

6.3 ☐ *Lehrerseufzer*

Mit dem Text *Lehrerseufzer* (unbekannter Verfasser) gelangen wir nah an die Gegenwart heran. Endlich wird einmal die Lehrer/innen/sicht des Unterrichts dargestellt, wenn auch in sehr provokanter Form. Es gehört zu einer Bewertung der Schul-/Unterrichtswirklichkeit dazu, die Perspektive/n von Lehrerinnen und Lehrern zu würdigen (vgl. auch das Améry-Zitat, Seite 28). Nicht nur Schülerinnen und Schüler stecken in einem System von Zwängen, auch die Unterrichtenden leben und arbeiten unter stressreichen, oft frustrierenden und belastenden Bedingungen. Ein Unterrichtsgespräch sollte diesem Aspekt Rechnung tragen. Die Parallelen zwischen *Unterm Rad* und *Lehrerseufzer* liegen in der Beschränktheit von Lehrenden auf fremdbestimmte Lehrgegenstände, denen die Lernenden (mit Recht) distanziert gegenüberstehen. Vielleicht ist es der „moderne Heilner", der dem Unterricht in die Disco oder aufs Klo entflieht!?
Durch den Lückentext erhalten die Schülerinnen und Schüler eine Gelegenheit, ihre eigene Sichtweise fantasievoll zu artikulieren und vielleicht auch einmal ihrer Kritik an Lehrern und Lehrerinnen Luft zu machen.

Der folgende Arbeitsauftrag bezieht sich auf Zusatzmaterial 14 (vgl. S. 99).

☐ *Beurteile das im Text vermittelte Lehrerbild.*
☐ *Erachtest du das vom Autor gezeichnete Bild heutiger Schülerinnen und Schüler als eher zutreffend, zum Teil zutreffend oder eher unzutreffend? Begründe deine Antwort.*
☐ *Inwieweit erkennst du Parallelen zu* Unterm Rad*?*
☐ *Welche „Lehrerseufzer" wären vonseiten des Ephorus denkbar?*

6.4 ☐ Tendrjakow – *Die Nacht nach der Entlassung*

Die Tendrjakow-Auszüge erlauben nochmals sehr enge Bezüge zur eigentlichen Thematik von *Unterm Rad*. Die Schulkritik an einem Unterricht, der sich ausschließlich auf der sachinhaltlichen Ebene bewegt und alle subjektiven Belange aussperrt, gilt ebenso für *Unterm Rad* wie für unsere gegenwärtige Schule. Arbeitsblatt 19 (Seite 73) kann in einem großen und auf die aktuelle Wirklichkeit zielenden Vergleich die Unterrichtsreihe beschließen. Die grafische Darstellung (vgl. Arbeitsblatt 20, Seite 74/75) visualisiert das Ausmaß der Schulkritik und kann (in Form von individuellen OHP-Folien) als Gesprächsanlass dienen.
In *Die Nacht nach der Entlassung* geht es um die (Folgen der) Schul-Abschlussrede einer Zehntklässlerin. Es muss nicht eigens betont werden, welche Schreibanlässe sich in diesem Zusammenhang für eine Unterrichtsreihe in der 10. Klasse ergeben.
Die Zusatzmaterialien und Impulse aus Baustein 6 können je nach den Bedingungen des Unterrichts bereits zu früheren Zeitpunkten, insbesondere in Baustein 2.1, 2.2 oder 3.2 eingesetzt werden.

Die individuelle Einschätzung der schulkritischen Aspekte ist auch grafisch darstellbar; dabei sollten für *Unterm Rad* und für die eigene Schulkritik jeweils andere Farben benutzt werden. Es entsteht eine Art Overlay-Grafik, die der Klasse insbesondere in Vergleichen und Begründungen vielfältige Gesprächsanlässe bieten kann.

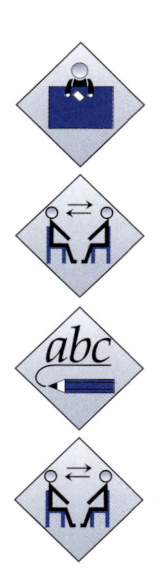

Lehrerseufzer *

- *Bearbeite den Lückentext; lege dabei deine eigenen Schul-/Unterrichtserfahrungen zugrunde.*
- *Welche Beziehungen bestehen zwischen deinem Text und*
  1. *dem Originaltext?*
  2. *Unterm Rad?*

Lehrerseufzer

Einfach vortrefflich
all diese großen Themen:
_____,
_____,
_____.

Wenn nur die Schüler nicht wären!
Immer und überall _____ die Schüler!
Alles bringen sie durcheinander.

Wenn es um _____ geht,
möchten sie _____.
Statt begeistert _____,
sagen sie: „_____".
Statt _____
kämpfen sie _____.
Im entscheidenden Augenblick
_____.
Kurz bevor _____,
_____ sie _____.

An den Schülern scheitert eben alles.
Mit denen _____.
Ein Sack Flöhe ist nichts dagegen.
_____!
_____!
_____!

Man kann sie doch nicht _____!
Man kann doch nicht _____!
Ja, wenn die Schüler nicht wären,
_____.
Ja, wenn die Schüler nicht wären,
_____
_____
_____

---

* = unbekannter Verfasser

Tendrjakow – *Die Nacht nach der Entlassung*: Schulkritik im Vergleich

Baustein 6
Arbeitsblatt 19

Die ausgewählten Textstellen aus Tendrjakows Die Nacht nach der Entlassung *kritisieren – wie auch* Unterm Rad *– die Schule in massiver Weise.*

❏ Ordne für *Unterm Rad* sowie für deine eigene aktuelle Schulerfahrung je eine stichwortartige Notiz zu, die Ähnlichkeiten mit oder Abweichungen von dem Kritikaspekt bezeichnet.
❏ Welche Konsequenzen kannst du ziehen?

Die Nacht nach der Entlassung	*Unterm Rad*	aktuelle Schulwirklichkeit
„Jetzt muss ich gehen, aber ich kann es nicht, habe es nicht gelernt."		
„Die Schule hat mich gezwungen, alles, was *sie* wollte, zu lernen und zu wissen."		
„Nur eins hat sie mich nicht gelehrt: selbstständig zu urteilen, zu wissen, was *mir* gefällt, was ich liebe, was ich selber will."		
„Ich wagte nicht, irgendetwas wirklich stark zu lieben ... Jetzt schaue ich mich um, und es kommt mir vor, als liebte ich – nichts!"		
„Tausend Wege – für mich sind sie alle gleich dunkel [...] Mir ist schrecklich zu Mute. Ganz schrecklich."		
„Ich [...] bin zu dem Schluss gekommen, dass Sie [...] durch Ihren Unterricht Unwissenheit geradezu züchten."		
„Neunzig Prozent von dem, was Sie unterrichten, wird vergessen."		
„Wir unterrichten [...] in ganz und gar kategorischer, fast gewaltsamer Form – lern, koste es, was es wolle."		
„Gib deine ganze Zeit, deine ganze Energie, vergiss deine eigenen Interessen. Vergiss, wofür du dich am besten eignest."		
„wir züchten Menschen heran, die nicht auf sich selbst achten"		
„wenn ein Mensch sich selbst keine Aufmerksamkeit gönnt, wie könnte er es anderen Menschen gegenüber"		
„was bleibt, ist Teilnahmslosigkeit"		

Tendrjakow – *Die Nacht nach der Entlassung*: Schulkritik im Vergleich (grafische Darstellung)

Baustein 6
Arbeitsblatt 20

Die Grafik enthält ausgewählte Textstellen aus Tendrjakows Die Nacht nach der Entlassung.
- ☐ *Ordne für* Unterm Rad *sowie für deine eigene aktuelle Schulerfahrung je einen Wert auf den Skalen zu. Benutze dabei zwei deutlich voneinander unterscheidbare Farben. Verbinde dann die Punkte zu zwei Zwölfecken.*
- ☐ *Beschreibe und beurteile dein Ergebnis.*

„Nur eins hat sie mich nicht gelehrt: selbstständig zu urteilen, zu wissen, was *mir* gefällt, was ich liebe, was ich selber will."

„Ich wagte nicht, irgendetwas wirklich stark zu lieben … Jetzt schaue ich mich um, und es kommt mir vor, als liebte ich – nichts!"

„Tausend Wege – für mich sind sie alle gleich dunkel […] Mir ist schrecklich zu Mute. Ganz schrecklich."

„Die Schule hat mich gezwungen, alles, was sie wollte, zu lernen und zu wissen."

„Ich […] bin zu dem Schluss gekommen, dass Sie […] durch Ihren Unterricht Unwissenheit geradezu züchten."

„Jetzt muss ich gehen, aber ich kann es nicht, habe es nicht gelernt"

„Neunzig Prozent von dem, was Sie unterrichten, wird vergessen."

„was bleibt, ist Teilnahmslosigkeit"

„wenn ein Mensch sich selbst keine Aufmerksamkeit gönnt, wie könnte er es anderen Menschen gegenüber"

„wir züchten Menschen heran, die nicht auf sich selbst achten"

„Gib deine ganze Zeit, deine ganze Energie, vergiss deine eigenen Interessen. Vergiss, wofür du dich am besten eignest."

„Wir unterrichten […] in ganz und gar kategorischer, fast gewaltsamer Form – lern, koste es, was es wolle."

1 = trifft nicht zu   2 = trifft wenig zu   3 = trifft zu   4 = trifft voll zu

EinFach Deutsch: Unterrichtsmodell: Unterm Rad. © Verlag Ferdinand Schöningh, 2002

74

Tendrjakow – *Die Nacht nach der Entlassung*: Schulkritik im Vergleich (Beispiel/Lösungsvorschlag)

äußeres, helles Zwölfeck = Schulkritik in *Unterm Rad*
inneres, dunkles Zwölfeck = mögliche Kritik an der heutigen Schulwirklichkeit

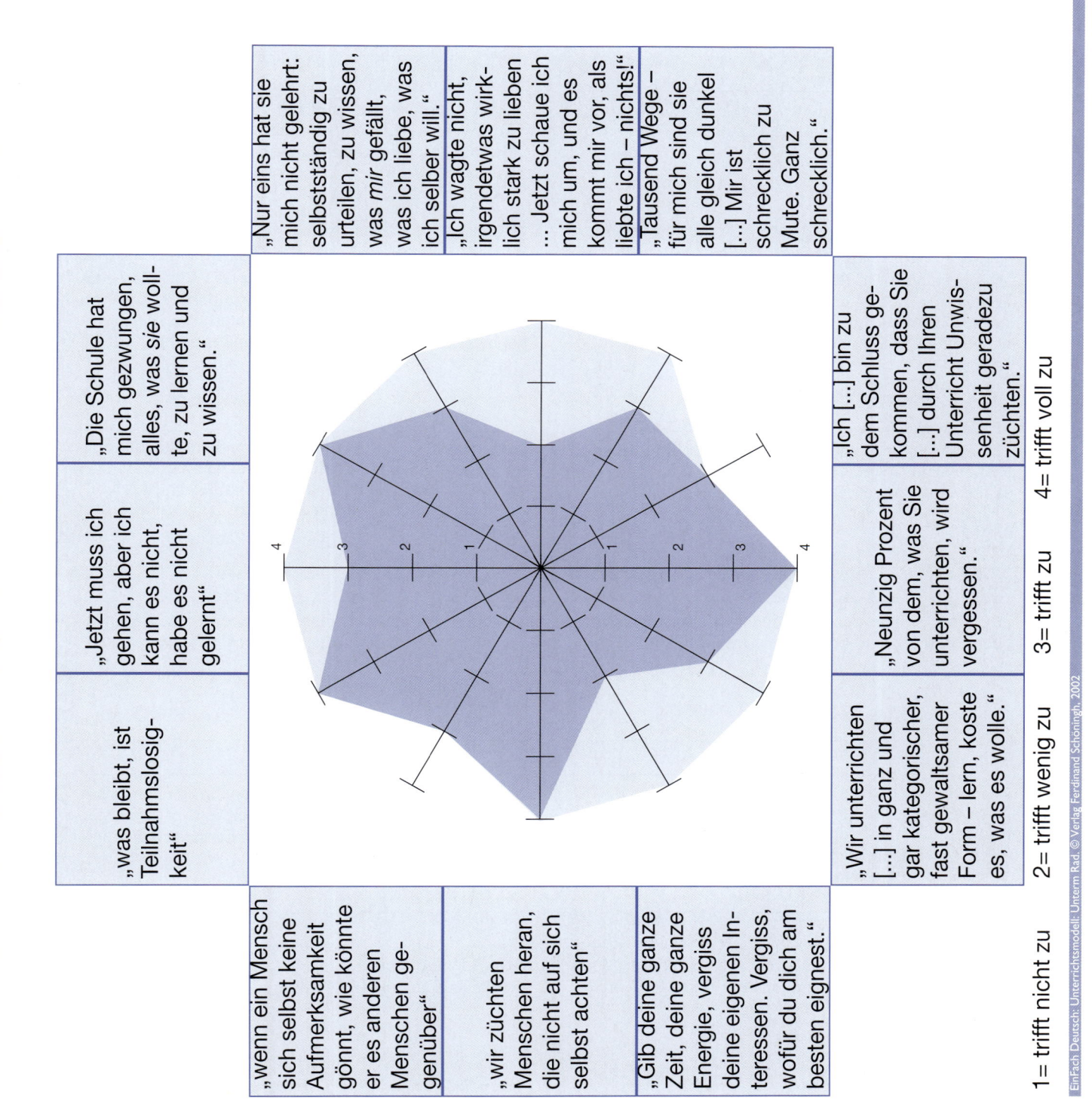

„Nur eins hat sie mich nicht gelehrt: selbstständig zu urteilen, zu wissen, was *mir* gefällt, was ich liebe, was ich selber will."

„Ich wagte nicht, irgendetwas wirklich stark zu lieben … Jetzt schaue ich mich um, und es kommt mir vor, als liebte ich – nichts!"

„Tausend Wege – für mich sind sie alle gleich dunkel […] Mir ist schrecklich zu Mute. Ganz schrecklich."

„Die Schule hat mich gezwungen, alles, was sie wollte, zu lernen und zu wissen."

„Jetzt muss ich gehen, aber ich kann es nicht, habe es nicht gelernt"

„was bleibt, ist Teilnahmslosigkeit"

„Ich […] bin zu dem Schluss gekommen, dass Sie […] durch Ihren Unterricht Unwissenheit geradezu züchten."

„Neunzig Prozent von dem, was Sie unterrichten, wird vergessen."

„Wir unterrichten […] in ganz und gar kategorischer, fast gewaltsamer Form – lern, koste es, was es wolle."

„wenn ein Mensch sich selbst keine Aufmerksamkeit gönnt, wie könnte er es anderen Menschen gegenüber"

„wir züchten Menschen heran, die nicht auf sich selbst achten"

„Gib deine ganze Zeit, deine ganze Energie, vergiss deine eigenen Interessen. Vergiss, wofür du dich am besten eignest."

1 = trifft nicht zu 2 = trifft wenig zu 3 = trifft zu 4 = trifft voll zu

75

Zusatzmaterial 1

Unterm Rad – *Kerngedanken*

„Über Hans Giebenraths Begabung gab es keinen Zweifel. [...] Damit war seine Zukunft bestimmt und festgelegt." (9)

„Die Aufgaben [...], die sich tagsüber von Lektion zu Lektion ansammelten, konnten dann am späten Abend [...] zu Hause erledigt werden." (10)

„komplizierte Schlußrechnungen [...] seien [...] zwar scheinbar ohne Wert fürs spätere Studium und Leben, jedoch eben nur scheinbar" (10)

„Das Angeln! Das war doch das Schönste in all den langen Schuljahren gewesen." (12)

„fühlte die schönen, freien, verwilderten Knabenfreuden so weit dahinten liegen" (13)

„Hier hatte er im Kampf mit Ermüdung, Schlaf und Kopfweh lange Abendstunden über Cäsar, Xenophon, Grammatiken, Wörterbüchern und mathematischen Aufgaben verbrütet, zäh, trotzig und ehrgeizig, oft auch der Verzweiflung nah." (17)

„Doch fielen diese Bubengeschichten ihm jetzt wieder ein, wie aus weitester Ferne her, und sie hatten so starke Farben und einen so seltsam ahnungsvollen Duft wie nichts von allem seither Erlebten." (26/27)

„Man würde ihn als Lehrling in einen Käsladen oder auf ein Bureau tun, und er würde zeitlebens einer von den gewöhnlichen armseligen Leuten sein, die er verachtete und über die er absolut hinaus wollte." (28)

„Griechisch und Latein, Grammatik und Stilistik, Rechnen und Memorieren und der ganze folternde Trubel eines langen, ruhelosen, gehetzten Jahres" (35)

„Denn das wußte er wohl, daß er im Seminar noch ehrgeiziger und zäher arbeiten müsse, wenn er auch dort die Kameraden hinter sich lassen wollte. Und das wollte er entschieden. Warum eigentlich? Das wußte er selber nicht." (41)

„muß die Schule den natürlichen Menschen zerbrechen, besiegen und gewaltsam einschränken" (47)

„wenn Hans je und je doch wieder eine Stunde angelte oder spazierenlief, hatte er ein schlechtes Gewissen" (49)

„Auf diesem Platz hat schon mancher sich gedacht, hier wäre der Ort für ein tüchtiges Stück Leben und Freude, hier müßte etwas Lebendiges, Beglückendes wachsen können, hier müßten reife und gute Menschen ihre freudigen Gedanken denken und schöne, heitere Werke schaffen." (53/54)

„Es wird dadurch ermöglicht, den Jünglingen jahrelang das Studium der hebräischen und griechischen Sprache samt Nebenfächern allen Ernstes als Lebensziel erscheinen zu lassen" (54)

„[...] Lauter Langweiler, lauter Duckmäuser! Das schafft sich ab und schindet sich und weiß nichts Höheres als das hebräische Alphabet. [...]'" (68)

„[...] Überhaupt was geht uns eigentlich das alte griechische Zeug an? [...]'" (69)

Zusatzmaterial 1

„daß hinter diesen jünglinghaft glatten Zügen ein besonderes Menschenleben mit seinen Eigenarten und eine besondere, in ihrer Weise gezeichnete Seele wohne" (71)

„Das ist Taglöhnerei", hieß es, „du tust all diese Arbeit ja doch nicht gern und freiwillig, sondern lediglich aus Angst vor den Lehrern oder vor deinem Alten. Was hast du davon, wenn du Erster oder Zweiter wirst? [...]"' (75)

„Den Wohltaten, welche der Staat seinen Zöglingen erweist, muß eine scharfe, strenge Zucht entsprechen." (79)

„Er begriff, daß es Sünden und Versäumnisse gibt, die man nicht vergessen kann und die keine Reue gutmacht" (85)

„Einen toten Schüler blicken die Lehrer stets mit ganz andern Augen an als einen lebenden, sie werden dann für einen Augenblick vom Wert und von der Unwiederbringlichkeit jedes Lebens und jeder Jugend überzeugt, an denen sie sich sonst so häufig sorglos versündigen." (85)

„'[...] es war mein fester Vorsatz, im Seminar obenan zu bleiben und womöglich vollends Erster zu werden. Du hast das Streberei genannt, meinetwegen mit Recht; aber es war nun eben meine Art von Ideal, ich wußte nichts Besseres.'" (89)

„Je inniger und glücklicher Hans an seiner Freundschaft hing, desto fremder wurde ihm die Schule." (90)

„Ein Schulmeister hat lieber einige Esel als ein Genie in seiner Klasse, und genau betrachtet hat er ja recht, denn seine Aufgabe ist es nicht, extravagante Geister heranzubilden, sondern gute Lateiner, Rechner und Biedermänner." (90)

„Da hatte es noch eine Menge von Dingen gegeben, die ihn mit geheimnisvollem Zauber anzogen: Häuser, Gassen, Treppen, Scheunenböden, Brunnen, Zäune, Menschen und Tiere aller Art waren ihm lieb und bekannt oder rätselhaft verlockend gewesen. [...] Oh, wo war das alles hingekommen?" (117)

„die betrogene und vergewaltigte Kindheit brach wie eine lang gehemmte Quelle in ihm auf" (118)

„Er spürte, daß er doch nicht wieder ein Kind werden [...] konnte" (125)

„Jedes gesunde Leben muß einen Inhalt und ein Ziel haben, und das war dem jungen Giebenrath verlorengegangen." (126)

„Unerwartet stellte sich das tägliche, tätige, frische Leben vor ihn hin, dem er seit Monaten fremd geworden war, hatte ein lockendes Gesicht und ein drohendes Gesicht, versprach und forderte." (136)

„tat ihm etwas im Innersten weh und stürmte eine trübe Flut von unklaren Vorstellungen und Erinnerungen, von Scham und Selbstvorwürfen auf ihn ein" (163)

Zusatzmaterial 2

Schule um 1900 – Latein, Strafen und Belohnungen

„Reallyceum" war der amtliche Name für die Calwer höhere Schule, die seit 1874 durch Zusammenlegung einer Latein- und einer Realschule entstanden war. Trotzdem blieb die Bezeichnung Lateinschule weiterhin üblich, und nicht zu Unrecht, denn der Lateinunterricht nahm mit zehn Wochenstunden von der ersten bis zur achten Klasse (8–16-jährige Schüler) eine zentrale Stellung ein. [...] Am meisten fürchtete man die Lehrer der ersten und zweiten Klasse, denn sie waren nicht nur Meister ihrer Fächer, sondern auch Meister im Schikanieren ihrer Schüler. Mit „Tatzen", „Hosenspannes", Schläge auf den Kopf und Arrest für falsche Antworten und Unaufmerksamkeit, für das Zuspätkommen und mangelhafte Hausaufgaben wurde nicht gespart. Man hatte ein ganzes Strafsystem ausgebaut: Jede Fehlleistung zog eine entsprechende Vergeltung nach sich. So hieß es etwa im Lateinischen: „Cum mit Indikativ regiert zwei Tatzen!"

[...] Auch für Lausbubereien, die außerhalb der Schulzeit geschahen, konnte eine Schulstrafe erteilt werden. Einmal ärgerten Hesse und seine Mitschüler den „Sammetwedel", einen Kramladenbesitzer, so sehr, dass dieser aus dem Laden stürzte, den Burschen nachjagte und dabei einen Pantoffel verlor, den Hesse geschwind mitgehen ließ. Für diesen Pantoffelraub hat Hermann „zwei Trachten Prügel und drei Stunden Arrest bekommen, die eine Tracht zu Hause, die zweite samt Arrest in der Schule."

[...] Der Platz, der sogenannte „locus", den man innerhalb einer Klasse einnahm und der mit jedem abschließenden Zeugnis neu bestimmt wurde, spielte bei Eltern und Schülern eine wichtige Rolle. Ein einziges Mal in seinem Calwer Schülerdasein hat auch Hermann Hesse die Spitzengruppe einer Klasse erreicht, ja, er glaubte sogar, die Hand nach einem Prämium [acht Mark] ausstrecken zu dürfen als der Zweitbeste der dritten Lateinschulklasse.

Aus: Siegfried Greiner: Hermann Hesse, Jugend in Calw. Auszüge. Sigmaringen: Thorbecke 1981

- Skizziere mit eigenen Worten ein Bild von der im Text dargestellten Schule.
- Welche Erziehungsziele wurden von einer solchen Schule verfolgt?
- Unter welchen Bedingungen kann eine derartige „alte" Schule zu einer Entwicklung führen, wie sie Hans Giebenrath durchlebt?

Zusatzmaterial 3

Schul-Arbeit

Schüler arbeiten so viel wie Erwachsene zur Jahrhundertwende – unter anderswo undenkbaren Umständen.

Die ersten zehn Stunden des Tages sind fix verplant: Aufstehen um halb sieben, Morgentoilette, ein hastiges Frühstück und um 7.30 Uhr aus dem Haus. Pünktlich um acht das erste Meeting. Der Vorgesetzte lässt sich in fünf Minuten das Wesentliche der letzten Besprechung nacherzählen, opfert weitere fünf für Organisatorisches, ehe er in einem 40-minütigen Monolog neue Fakten präsentiert. Fast im Stundentakt folgt dann Termin auf Termin, die Zeit dazwischen reicht gerade, die für den nächsten Gesprächspartner notwendigen Unterlagen zusammenzukramen.

Um 14 Uhr Fahrt zur Außenstelle. Eine Stunde Pause, inklusive Mittagessen, ehe die Arbeit weitergeht: Da sind die Mitschriften aus den Morgenbesprechungen auf- und Lösungsvorschläge für den nächsten Tag auszuarbeiten. Eineinhalb bis zwei Stunden sind da das Minimum, nicht zuletzt, weil der Chef und seine Abteilungsleiter auch auf eine formal ansprechende Form Wert legen.

An besseren Tagen ist um 17 Uhr Schluss, zwei- bis dreimal pro Woche kann es aber auch später werden. Manchmal, weil der Chef zwischendurch noch einmal in die Zentrale bittet, an anderen Tagen sind Fortbildungsveranstaltungen angesetzt. [...]

Christian Skalnik, in: profil extra, Nr. 3, Oktober 1994, S. 56.

☐ Wie bewertest du den Text Schul-Arbeit aus der österreichischen Zeitschrift profil extra? Ist der Vergleich völlig an den Haaren herbeigezogen oder verweist er auf die tatsächliche Arbeitsbelastung heutiger Schülerinnen und Schüler?
Begründe deine Position durch eigene Erfahrungen.

☐ Vergleiche die Darstellung des Problems „Schul-Arbeit" in der stark autobiografisch gefärbten Erzählung Unterm Rad mit der heutigen Situation.

Zusatzmaterial 4

Schulstress

Die Ursachen von Überbelastungen und Überforderungen von Schülern, die zum sog. Stress in der Schule führen, sind in der Institution Schule und im Umfeld der Schule zu finden, wie z. B. in Fehlformen häuslicher Erziehung, in stressfördernden gesellschaftlichen Grundströmungen, in der Angst, im Konkurrenzkampf später nicht zu bestehen oder den Numerus Clausus nicht zu erreichen.

Die Schule fördert den Stress dadurch, dass das erzieherische Moment zugunsten anderer Aufgaben und Forderungen zu stark in den Hintergrund gedrängt wird.

Neben den weiteren Gründen, die den Stress in der Schule begünstigen, wie z. B. Unausgewogenheit des Fächer- und Stoffangebots, zu häufiger Fächerwechsel, Frustrationen durch ständigen Tadel, zu schwierige Hausaufgaben, konzentrierter Frontalunterricht über den Vormittag hinaus, Klassenräume mit künstlicher Klimatisierung und ungünstige Verkehrsverbindungen, wird als wesentlicher Stressfaktor überhöhte Leistungsforderung mit gruppenbezogener Leistungsmessung unter Zeitdruck angesehen. [...]

Aus: Peter Köck: Wörterbuch für Erziehung und Unterricht. 1994, S. 643/644 Donauwörth: Auer

☐ Inwieweit finden sich Formen der genannten Stress-Faktoren in Unterm Rad?
Fixiere Parallelen jeweils stichwortartig und achte auf die exakte Angabe eines Textbelegs (Seitenzahl).

☐ Formuliere eine kurze Stellungnahme zur Frage: Inwieweit leidet Hans Giebenrath unter Schulstress?

Spaß ist wichtiger als das dicke Geld

Porträt der Abiturienten: Realistisch bis zur Fantasielosigkeit?/Aber auch tierische Optimisten

„Ich bereue es schon, dass die Schule jetzt vorbei ist." Das darf doch wohl nicht wahr sein! Kaum ist das Zeugnis der „Reife" überreicht, und schon überfällt Sally das Heimweh nach der guten alten Penne. Sie beeilt sich aber noch zu ergänzen: „Vor allem wegen der Leute, nicht wegen des Unterrichts." So seltsam es klingen mag: Der Abijahrgang '92 der Goetheschule in Neu-Isenburg bei Frankfurt am Main denkt gerne an die vergangenen 13 Schuljahre zurück, und die allermeisten bedauern es, dass dieser Lebensabschnitt jetzt unwiederbringlich vorbei ist. „Es war eine schöne Zeit, es hat Spaß gemacht, es war amüsant", resümiert Christian. Carla ist von denen, die wir gefragt haben, die Einzige, die eigentlich ganz froh ist, dass die Schule vorbei ist. Besteht der diesjährige Abiturientenjahrgang nur aus Strebern, die in ihrer Freizeit am liebsten Vokabeln büffelten und die begierig darauf waren, Mathe-Klausuren zu schreiben oder chemische Formeln auswendig aufzusagen? Oder sollten wir verpasst haben, dass die Schule sich verändert hat; macht Unterricht inzwischen richtig Spaß? Haben Lehrer das Zaubermittel gefunden, mit dem sie die Aufmerksamkeit der Schüler gewinnen und die Lust am Lernen fördern können?

Schon wenige Nachfragen genügen, um herauszufinden, dass es nicht der Unterricht ist, nicht die Institution Schule, die man zu vermissen beginnt, sondern die Schulgemeinschaft, das Drumherum. Christoph drückt es so aus: „Über weite Strecken der Schulzeit stand das Entertainment im Vordergrund." Auch Denis vermisst weniger Pauker, Tafel, Klassenbuch; vielmehr bedauert er, „dass wir uns nicht mehr täglich sehen". Der Spaß bestand für alle, bei denen wir nachgefragt haben, darin, Freunde und Freundinnen zu treffen, eine Vielzahl von Menschen kennenzulernen und mit ihnen etwas unternehmen zu können. Auch für Peter war dieser „Nebeneffekt" das wirklich Positive an der Schulzeit.

Dagegen werden der eigentliche Unterricht und die pädagogischen Fähigkeiten der Lehrer eher zurückhaltend beurteilt. Auf die Frage, ob die Schule ihren eigentlichen Zweck erfüllt habe, mag niemand voller Überzeugung mit Ja antworten. „Zum größten Teil habe ich mich selbst motiviert, was zu machen", meint Robert, „und bin weniger durch den Unterricht angeregt worden". Fränzi empfand die Art des Schulunterrichts eher als hemmend. Auch Axel ist der Auffassung, dass das Lernen in der Schule an sich nicht besonders effektiv gewesen sei, nur das Zusammensein mit den Leuten habe etwas gebracht. Insgesamt hat er das Gefühl, zu wenig fürs Leben gelernt zu haben. Anders sieht das Jannis. Für ihn wurde diese „Nebensache" zur Hauptsache: „Was ich gelernt habe in der Schule, stand nicht auf dem Lehrplan, sondern das habe ich nebenbei gelernt."

Der Kontakt zu anderen Menschen, das Kennenlernen kontroverser Meinungen, zu lernen, sich mit ihnen zu arrangieren, Kompromisse zu schließen oder – wie Christine ergänzt – überhaupt gelernt zu haben, mit den unterschiedlichsten Situationen umzugehen, mit Stress, Ungerechtigkeiten gegen die eigene Person, das alles sind Dinge, weshalb sie gerne zur Schule gegangen sind. Und wenn sie ins Erzählen kommen, dann ist auf einmal immer häufiger von „Lernen" die Rede; vielleicht haben sie alle „nebenbei" doch mehr gelernt, mehr „Reife" fürs Leben erworben, als es im ersten Augenblick scheint.

„Allgemeine Menschenbildung": Das war es doch, was Wilhelm von Humboldt im Jahre 1809 forderte. In letzter Zeit war eher die Rede von der Gefahr des „Fachidiotentums", hervorgerufen durch das Kurssystem in der Oberstufe. Die Schülerinnen und Schüler scheinen dagegen immun zu sein, weil sie die Schule nur noch als Forum benutzen, als Ausgangspunkt für ihre Unternehmungen, in denen das „eigentliche Leben" beginnt und sie ihre Erlebnisse und Lernerfahrungen selbst organisieren. [...]

Jannis Christoforidis, Klaus-Peter Martin, in: Frankfurter Allgemeine Zeitung Nr. 190 vom 17.8.1992

❏ Fasse kurz die deiner Meinung nach wichtigsten Aussagen des Zeitungsartikels zusammen.
❏ Wie sieht deine eigene Einschätzung bisheriger Schulerfahrung aus? Bringe sie in wenigen Sätzen auf den Punkt.
❏ Wie hätte sich Hans Giebenrath auf die Frage nach seinen Schulerfahrungen geäußert? Berücksichtige verschiedene Zeitpunkte seiner Entwicklung.

Hermann Hesse – Wichtige Stationen aus Leben und Werk

Ort	Datum		Ereignis/WERK	Alter
Calw	2.7.	1877	Geburt	
Göppingen	Juli	1891	Württembergisches Landexamen	14
Maulbronn	Sept.	1891	Evangelisch-theologisches Seminar	15
	Apr.	1892	Flucht aus dem Seminar	
Bad Boll	Juni	1892	Selbstmordversuch	
Bad Cannstatt	Juli	1893	Mittlere Reife	16
Tübingen	Okt.	1895	Buchhändlerlehre	18
Basel		1899	ROMANTISCHE LIEDER	22
		1903	Aufgabe des Buchhändlerberufs	26
	Jan.	1904	PETER CAMENZIND	
		1904	Heirat mit der Fotografin Maria Bernoulli	
Gaienhofen			UNTERM RAD (ersch. 1906)	
		1906	Gründung der Zeitschrift „März"	29
		1910	GERTRUD	33
Indien		1911	Viermonatige Reise	34
Ostermundingen/Bern		1912	Bekanntschaft mit Romain Rolland	35
		1913	KNULP (ersch. 1915)	36
		1914	ROSSHALDE	37
			Dienst in der deutschen Gefangenenfürsorge	
		1916	Psychotherapeutische Behandlung	39
	Okt.	1917	DEMIAN (ersch. 1919)	40
		1918	KLINGSORS LETZTER SOMMER (ersch. 1920)	41
Montagnola/Tessin		1919	Gründung der Zeitschrift „Vivos voco"	42
	Juli	1919	KLEIN UND WAGNER (ersch. 1920)	
		1920	Bekanntschaft mit Hugo und Emmy Ball	43
		1921	Psychoanalyse bei C. G. Jung	44
		1922	SIDDHARTA	45
			PIKTORS VERWANDLUNGEN (ersch. 1954)	
		1923	Schweizer Staatsbürger	46
		1924	Zweite Ehe mit Ruth Wenger	47
		1927	DER STEPPENWOLF	50
		1929	NARZISS UND GOLDMUND (ersch. bis 1930)	52
		1930	Austritt aus der Preußischen Akademie der Künste	53
		1931	Dritte Ehe mit der Kunsthistorikerin Ninon Dolbin	54
		1932	DIE MORGENLANDFAHRT	55
		1939	Verbot des Nachdrucks von *Der Steppenwolf* sowie von *Narziß und Goldmund* im Deutschen Reich	62
		1943	DAS GLASPERLENSPIEL (entst. seit 1931)	66
	10.12.	1946	Nobelpreis für Literatur	69
		1955	Friedenspreis des Deutschen Buchhandels	78
	9.8.	1962	Tod	85

Aus: Lexikon der Weltliteratur. Harenberg Kommunikation Verlags- und Medien GmbH & Co, Dortmund 1989, Bd. 3, S. 1335

Hermann Hesse – Kurzgefaßter Lebenslauf

[...] Ich war das Kind frommer Eltern, welche ich zärtlich liebte und noch zärtlicher geliebt hätte, wenn man mich nicht schon frühzeitig mit dem vierten Gebot bekannt gemacht hätte. Gebote aber haben leider stets eine fatale Wirkung auf mich gehabt, mochten sie noch so richtig und noch so gut gemeint sein – ich, der ich von Natur ein Lamm und lenksam bin wie eine Seifenblase, habe mich gegen Gebote jeder Art, zumal während meiner Jugendzeit, stets widerspenstig verhalten. Ich brauchte nur das „Du sollst" zu hören, so wendete sich alles in mir um, und ich wurde verstockt. Man kann sich denken, daß diese Eigenheit von großem und nachteiligem Einfluß auf meine Schuljahre geworden ist. Unsre Lehrer lehrten uns zwar in jenem amüsanten Lehrfach, das sie Weltgeschichte nannten, daß stets die Welt von solchen Menschen regiert und gelenkt und verändert worden war, welche sich ihr eigenes Gesetz gaben und mit den überkommenen Geboten brachen, und es wurde uns gesagt, daß diese Menschen verehrungswürdig seien. Allein dies war ebenso gelogen wie der ganze übrige Unterricht, denn wenn einer von uns, sei es nun in guter oder böser Meinung, einmal Mut zeigte und gegen irgendein Gebot, oder auch bloß gegen eine dumme Gewohnheit oder Mode protestierte, dann wurde er weder verehrt noch uns zum Vorbild empfohlen, sondern bestraft, verhöhnt und von der feigen Übermacht der Lehrer erdrückt.

[...] Die Kunst des Lügens und der Diplomatie verdanke ich dem zweiten Schuljahre, wo ein Präzeptor und ein Kollaborator mich in den Besitz dieser Fähigkeiten brachten, nachdem ich vorher in meiner kindlichen Offenheit und Vertrauensseligkeit ein Unglück ums andere über mich gebracht hatte. Diese beiden Erzieher klärten mich erfolgreich darüber auf, daß Ehrlichkeit und Wahrheitsliebe Eigenschaften waren, welche sie bei Schülern nicht suchten. Sie schrieben mir eine Untat zu, eine recht unbedeutende, die in der Klasse passiert war und an der ich völlig unschuldig war, und da sie mich nicht dazu bringen konnten, mich als Täter zu bekennen, wurde aus der Kleinigkeit ein Staatsprozeß, und die beiden folterten und prügelten mir zwar nicht das erhoffte Geständnis, wohl aber jeden Glauben an die Anständigkeit der Lehrerkaste aus. Zwar lernte ich, Gott sei Dank, mit der Zeit auch rechte und der Hochachtung würdige Lehrer kennen, aber der Schaden war geschehen und nicht nur mein Verhältnis zu den Schulmeistern, sondern auch das zu aller Autorität war verfälscht und verbittert. Im ganzen war ich in den sieben oder acht ersten Schuljahren ein guter Schüler, wenigstens saß ich stets unter den Ersten meiner Klasse. Erst mit dem Beginn jener Kämpfe, welche keinem erspart bleiben, der eine Persönlichkeit werden soll, kam ich mehr und mehr auch mit der Schule in Konflikt. Verstanden habe ich jene Kämpfe erst zwei Jahrzehnte später, damals waren sie einfach da und umgaben mich, wider meinen Willen, als ein furchtbares Unglück.

[...] Als ich dreizehn Jahre alt war, und jener Konflikt eben begonnen hatte, ließ mein Verhalten sowohl im Elternhause wie in der Schule so viel zu wünschen übrig, daß man mich in die Lateinschule einer anderen Stadt in die Verbannung schickte. Ein Jahr später wurde ich Zögling eines theologischen Seminars, lernte das hebräische Alphabet schreiben und war schon nahe daran zu begreifen, was ein Dagesch forte implicitum ist, als plötzlich von innen her Stürme über mich hereinbrachen, welche zu meiner Flucht aus der Klosterschule, zu einer Bestrafung mit schwerem Karzer und zu meinem Abschied aus dem Seminar führten.

Eine Weile bemühte ich mich dann an einem Gymnasium, meine Studien vorwärtszubringen, allein Karzer und Verabschiedung war auch dort das Ende. Dann war ich drei Tage Kaufmannslehrling, lief wieder fort und war einige Tage und Nächte zur großen Sorge meiner Eltern verschwunden. Ich war ein halbes Jahr lang Gehilfe meines Vaters, ich war anderthalb Jahre lang Praktikant in einer mechanischen Werkstätte und Turmuhrenfabrik.

Kurz, mehr als vier Jahre lang ging alles unweigerlich schief, was man mit mir unternehmen wollte, keine Schule wollte mich behalten, in keiner Lehre hielt ich lange aus. Jeder Versuch, einen brauchbaren Menschen aus mir zu machen, endete mit Mißerfolg, mehrmals mit Schande und Skandal, mit Flucht oder mit Ausweisung [...]

Aus: Hermann Hesse: Gesammelte Werke, Band 4. © Suhrkamp Verlag Frankfurt 1970, S. 469ff.

- Gib die Hauptgedanken aus Hesses Kurzgefaßter Lebenslauf mit deinen eigenen Worten wieder.
- Wie empfindest du den Grundton der Darstellung?
- Beziehe die folgenden Textstellen so konkret wie möglich auf Unterm Rad:
    1. „Menschen [...] welche sich ihr eigenes Gesetz gaben und mit den überkommenen Geboten brachen"
    2. „mein Verhältnis [...] zu aller Autorität war verfälscht und verbittert"
    3. „Kämpfe, welche keinem erspart bleiben, der eine Persönlichkeit werden soll"

Kloster Maulbronn

KLOSTER MAULBRONN
ehemalige Zisterzienser-Abtei, eine vollständig erhaltene,
mittelalterliche Klosteranlage, gegründet 1147

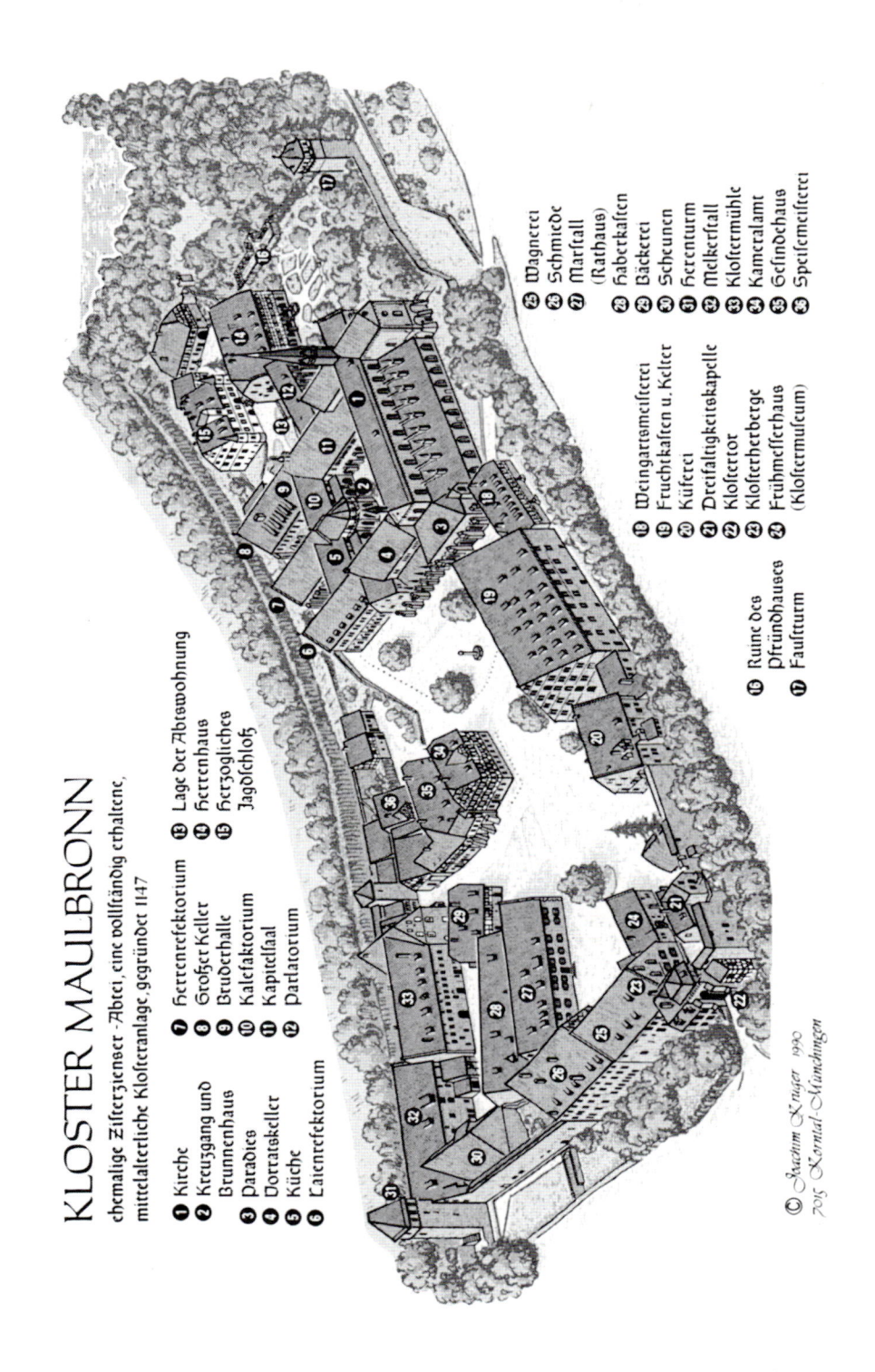

- ❶ Kirche
- ❷ Kreuzgang und Brunnenhaus
- ❸ Paradies
- ❹ Dorratskeller
- ❺ Küche
- ❻ Laienrefektorium
- ❼ Herrenrefektorium
- ❽ Großer Keller
- ❾ Bruderhalle
- ❿ Kalefaktorium
- ⓫ Kapitelsaal
- ⓬ Parlatorium
- ⓭ Lage der Abtswohnung
- ⓮ Herrenhaus
- ⓯ Herzogliches Jagdschloß
- ⓰ Ruine des Pfründhauses
- ⓱ Faultturm
- ⓲ Weingärtnermeisterei
- ⓳ Fruchtkasten u. Kelter
- ⓴ Küferei
- ㉑ Dreifaltigkeitskapelle
- ㉒ Klostertor
- ㉓ Klosterherberge
- ㉔ Frühmesserhaus (Klostermuseum)
- ㉕ Wagnerei
- ㉖ Schmiede
- ㉗ Marstall (Rathaus)
- ㉘ Haberkasten
- ㉙ Bäckerei
- ㉚ Scheunen
- ㉛ Herrenturm
- ㉜ Melkerfall
- ㉝ Klostermühle
- ㉞ Kameralamt
- ㉟ Gesindehaus
- ㊱ Speisemeisterei

© *Joachim Krüger* 1990
7015 Kornthal-Münchingen

- ❏ Habt ihr euch das Kloster so, so ähnlich oder ganz anders vorgestellt?
- ❏ Beschreibt die Abbildung so differenziert wie möglich.
- ❏ Übrigens: Die Anlage sieht heute immer noch so aus und enthält auch heute noch eine Internatsschule.
  Würdest du hier gerne zur Schule gehen? Begründe deine Entscheidung.

Briefe aus Maulbronn[1]

Hermann Hesse an Johannes und Marie Hesse
(Maulbronn, nach dem 15. September 1891)

Liebe Eltern und Geschwister!
Eine Beschreibung des Seminarlebens wird Euch wohl am liebsten sein. Nebenbei bemerkt: Mir und den Herrn Lehrern gehts gut, [...]. Also morgens um 6 $\frac{1}{2}$ Uhr ist Aufstehzeit für den ganzen Winter, um 6,50 muß man fertig sein. Im Waschsaal gehts immer lebhaft zu, kaum einer ist da, der sich nicht immer sehr sorgfältig wäscht. Um 6,50 ist Prezieren (Andacht). (NB: Wir haben noch viele derartige lat. Wörter aus der Mönchszeit z.B. Dorment, Prezieren, Rekreation etc). Bei der Andacht wird zuerst ein Lieder-Vers gesungen, der von einem der Seminaristen auf dem Klavier begleitet wird. Dann wird die Betrachtung eines Bibelwortes vom Repetenten vorgelesen, dann ein Gebet, dann wird wieder gesungen. Mit dem Singen hält man's so: Wenn z.B. am Montag morgen der erste Vers von „Gott ist getreu" gesungen wurde, singt man nach dem Prezieren den zweiten. Abends singt man z.B. den ersten oder zweiten Vers von „Befiehl du deine Wege". Am Dienstag singt man dann morgens den 3. und 4. Vers von „Gott ist getreu" und abends den 3. und 4. Vers von „Befiehl du etc" u.s.f., bis der Choral aus ist. Nach dem Gebet ist Frühstück, wobei besonders die Milch sehr knapp bemessen ist, aber auch vom Kaffee bekommt keiner Magendrücken. Dazu hat jeder 1 $\frac{1}{2}$ Wecken. Mit meinem Geld gehts schnell bergab, für den Famulus und Fiskar mußte (wie die andern) 30 Pf., für die Feuerversicherung im Seminar 64 Pf. zahlen. Dann braucht man eine Unmasse von Heften, z.B. zum Ovid 3erlei! In der Woche haben wir 41 Lectionsstunden, die Arguments- und Arbeitsstunden nicht gerechnet. Doch fehlts auch nicht an Ausgangsfreiheit z.B. täglich von 12 $\frac{1}{2}$ – 2 Uhr. (...) Man gewöhnt sich immer mehr aneinander. Ich bin auf der größten Stube (Hellas). Auf unsrer Stube haben wir, was viel heißen will, den Primus, den 2t., den Fiskar und den Bibliothekar, ich selbst bin Censor, d.h. Sittenrichter für diese Woche (bis Samstag Abend).
Mit Gruß und Kuß
Hermann!

Hermann Hesse an Johannes und Marie Hesse
(Maulbronn, September 1891)

Liebe Eltern!
[...] Gestern bekamen wir unsere gedruckten Statuten! ich will einiges daraus schreiben!
§ 6: Es ist nicht erlaubt, während der Arbeitszeit zu essen.
§ 10: Nirgends darf Speise oder Getränk gegen Bezahlung angenommen werden. Zum Besuch eines jeden Gewerbshauses ist die Erlaubnis des Ephorats nötig.
§ 13: Das Rauchen (von Cigarren od. aus Pfeifen) ist den Zöglingen verboten.
§ 17: Die Zöglinge tragen sich anständig nach der Sitte anderer junger Leute ihres Alters mit Vermeidung alles Auffallenden in Stoff, Farbe und Schnitt des Kleides. Schlafröcke sind nur im Schlafsaal und auf dem Gang zu demselben gestattet u.s.f.
Auch von der Tagesordnung will ich einiges schreiben:
An Werktagen
6 $\frac{1}{2}$ Uhr aufstehen
6,30 Andacht
7 – Frühstück
7,15 bis 7,45 = Arbeitszeit
7,45 bis 9,45 = Lektionen
9,45 bis 10 = Pause (Winters)
10 bis 12 = Lektionen
4-4 $\frac{1}{2}$ Uhr Interstiz.
7 $\frac{1}{2}$ Uhr Nachtessen.
Nach dem Essen bis 9 Uhr = Dormentrekreation.
9 Uhr = Abendgebet.
9 od. 9 $\frac{1}{2}$ zu Bett.

An Sonntagen
7 Uhr aufstehen.
7,30 = Gebet
7,45 – Frühstück
8-9 = stille Beschäftigung (d.h. einfach sich ruhig verhalten – arbeiten, lesen, faulenzen).
9 – 9,30 Pause.
9,30-10,30 Kirche.
10,30-11 stille Beschäftigung.
11-12 Rekreation
12 Uhr = Essen

---

[1] Aus: Kindheit und Jugend vor Neunzehnhundert. Hermann Hesse in Briefen und Lebenszeugnissen 1877–1895 (= Band 1). Ausgewählt und herausgegeben von Ninon Hesse. © Suhrkamp Verlag, Frankfurt 1996

45 1-1 ¹/₂ Ausgangsfreiheit
1,30-2,30 stille Beschäftigung
2,30-4,15 Ausgangszeit
4,15-5,45 stille Beschäftigung
5,45-6 Uhr Pause
50 6-7,30 stille Beschäftigung, dann Essen.

An Feiertagen
Vormittags wie an Sonntagen, nur ist statt der stillen Beschäftigung Arbeitszeit.
12-2 = Ausgangszeit
55 4 Uhr 30 bis 6 = Arbeitszeit.
6-6,15 Pause, dann Essen.
6,15 bis 7,30 – Arbeit.
(...)   Hermann!
(...)

Hermann Hesse an Johannes und Marie Hesse
               Montag, Feiertag (30. November 1891)

Liebe Eltern!
(...) Neulich war französische Prüfung, damit man wisse, was jeder in Französisch kann. Eine französische Exposition wurde diktiert, von der ich – sie war ziemlich lang – etwa 4 Wörter ver-
5 stand. Ich schrieb oft 1 ganze Linie als ein Wort. COMPOSITION war wenig besser. Neulich war auch Repetition der lateinischen Prosodie (!) Ich hatte 9 Böcke und noch eine anständige Arbeit. (...)

Ich will Euch alle meine Fächer schreiben und 10 welche ich gerne habe.
N.T. (schön!), Arithmetik (Au!), Geschichte (nett!), Livius (fein!), Deutsch (fein!), Französisch (!!! ???), Singen (köstlich!), Xenophon (schön!), Religion (schön!), hebräisch (?), Lat. COMPOSITION 15 (geht an!), Geographie (?), Turnen (unterschiedlich); Homer (famos!), Ovid (fein!), Geometrie (o weh!), Aufsatz (Ah!!!), Perioden (schön). Griechische COMPOSITION (minus); Geigen anständig. 20
Ich besitze gegenwärtig 45 Schulbücher, in ¹/₂ oder 1 Jahr werden es 50 (wenigstens) sein. Gesangbuch etc ist nicht gerechnet. Hefte habe ich 27 im Gebrauch, bis Weihnachten etwa 32. (...)

Meinen letzten Aufsatz bekam ich zurück mit 25 der zweifelhaften Bemerkung:
Sie besitzen Phantasie!!
(Ich habe die Bemerkung Strich für Strich abgezeichnet.)
Gegenwärtig zerbreche ich mir den Kopf am Auf- 30 satz: „Eine genaue Charakteristik Abrahams an der Hand von Gen. 12-15 und 21-24 soll zeigen, wie dieser Erzvater das rechte Werkzeug Gottes zur Gründung eines aus allen Heiden auserwählten Gottesvolkes sein konnte." Nicht eben 35 leicht. Wir haben nur eine Woche Zeit dazu. Mein durchschnittliches Aufsatzzeugnis ist 5 ⁷/₈ (bin zufrieden damit!).
(...)   Hermann!
(...)
                         *

Telegramm aus Maulbronn

aufgegeben 7.3.1892 um 4 Uhr 40 Min.
angekommen 7.3.1892 um 5 Uhr 10 Min.

Missionar Hesse, Calw
Hermann fehlt seit 2 Uhr. Bitte um etwaige Auskunft.

Professor Paulus

Telegramm aus Maulbronn

aufgegeben 8.3.1892 um 11 Uhr 55 Min.
angekommen 8.3. um 12 Uhr 15 Min.

Missionar Hesse, Calw
Hermann wohlbehalten zurück.

Professor Paulus

Professor W. Paulus an Johannes Hesse
Maulbronn, 11. März 1892

Sehr geehrter Herr,
gestern ist im Lehrerkonvent über die Bestrafung Ihres Sohnes Hermann beraten worden, und ich habe die Pflicht, Sie von dem gefaßten Beschluß in Kenntnis zu setzen. Wir waren darin einig, daß die Verfehlung Hermanns nicht als vorbereitetes und zweckbewußtes Entweichen anzusehen, auch nicht eine Äußerung des Mutwillens oder Trotzes sei, und daß die große geistige Aufregung und Störung, in welcher er gehandelt hat, als Milderungsgrund betrachtet werden müsse. Es wurde deshalb eine Karzerstrafe von 8 Stunden festgesetzt, welche Hermann morgens vom $1/2$ 1–$1/2$ 9 Uhr verbüßen wird. Außerdem war es die übereinstimmende Ansicht des Konvents, daß das Verbleiben Hermanns im Seminar in doppelter Hinsicht nicht wünschenswert sei. Nämlich erstlich in seinem eigenen Interesse. Es ist bei der Untersuchung seines Vergehens an den Tag getreten, daß es ihm in hohem Grad an der Fähigkeit fehlt, sich selbst in Zucht zu halten und seinen Geist und sein Gemüt in die Schranken einzufügen, welche für sein Alter und für eine erfolgreiche Erziehung in einem Seminar notwendig sind. Wir sind daher der Überzeugung, daß für ihn der Besuch eines Gymnasiums, wenn er dabei in einer Familie untergebracht würde, wo er zu gleicher Zeit in fortwährender Zucht und Überwachung stünde und dabei durch das Familienleben gemütliche Anregung fände, um vieles vorteilhafter sein müßte. Fürs zweite aber glauben wir, daß sein Aufenthalt im Seminar für seine Mitschüler eine Gefahr werden könnte. Er ist zu erfüllt von überspannten Gedanken und übertriebenen Gefühlen, denen sich hinzugeben er nur zu geneigt ist. Wenn er nun diese seinen Kameraden mitteilt, so wird er entweder, wie dies bisher der Fall war, kein Verständnis finden und sich infolge davon, nach seiner eigenen Aussage, vereinsamt und verkannt fühlen, oder aber, und das wäre eben mit der Zeit doch zu fürchten, wird er auch andere in seine unnatürliche und ungesunde Gedanken- und Gefühlswelt hineinziehen.
(…)

Ihr ergebenster W. Paulus
(…)

Zusatzmaterial 9

Hermann Hesse an Johannes und Marie Hesse

Samstag, 12. März 1892

Liebste Eltern!
Es ist jetzt bald 5 Uhr. Ich sitze eben meine Strafe ab, bei Wasser und Brot; sie fing um 1 1/2 9 Uhr an und dauert noch bis 1/2 9 Uhr. Ich bekomme Wasser und Brot, darf aber tun, was ich will. Ich vertiefte mich eben in Homer, in die prächtige Stelle der Odyssee epsilon 200 ff. Es geht mir ordentlich; d.h. ich bin furchtbar schwach und müd, körperlich und geistig, beginne mich aber allmählich zu erholen. Der Karzer ist so groß, daß ich gut umhergehen kann, ich habe da einen Tisch, einen Pult, zwei Stühle, einen warmen Ofen, Bücher, Feder, Tinte, Papier und Lampe. Heute morgen war der erste Teil der schriftlichen Semesterprüfung im Kollegsaal. Das lateinische Argument war schwer, die lateinische Periode aus Livius V, 99, und das Hebräische leicht. Nächsten Mittwoch kommt Französisch (!) und Mathematik (!).
(...) Ich habe seit 2 Uhr Kopfweh; es ist so heiß hier, mein Kopf brennt, lebt wohl!
Mit Kuß Hermann
(...)

Auszug aus einem Brief vom 11.9.1892 an die Eltern:

Meine letzte Kraft will ich aufwenden, zu zeigen, daß ich nicht die Maschine bin, die man nur aufzuziehen braucht.

Auszug aus einem Brief an seinen Vater vom 14.9.1892:

wenn ich jede Eigenschaft und Neigung an mir ins Gegenteil verkehrte, könnte ich mit Ihnen harmonieren. Aber so kann und will ich nimmer leben und wenn ich ein Verbrechen begehe, sind nächst mir Sie schuld, Herr Hesse, der Sie mir die Freude am Leben nahmen. Aus dem „lieben Hermann" ist ein anderer geworden, ein Welthasser, eine Waise, deren „Eltern" leben. Schreiben Sie nimmer „Lieber H." etc; es ist eine gemeine Lüge.

Hermann Hesse war selbst Schüler in Maulbronn. Die Briefe stammen aus seiner Schulzeit.
- Beschreibe das sich aus den Briefen ergebende Schul-Bild.
- Wie groß ist die Diskrepanz zwischen dem (durch die Briefe vermittelten) „authentischen" Schul-Bild und dem (in *Unterm Rad* literarisierten) fiktiven Schul-Bild?

Zusatzmaterial 10

Autobiografische Spuren in Unterm Rad

1. „Die Schule ist die einzige moderne Kulturfrage, die ich ernstnehme und die mich gelegentlich aufregt. An mir hat die Schule viel kaputtgemacht, und ich kenne wenig bedeutendere Persönlichkeiten, denen es nicht ähnlich ging. Gelernt habe ich dort nur Latein und Lügen, denn ungelogen kam man in Calw und im Gymnasium nicht durch – wie unser Hans* beweist, den sie ja in Calw, weil er ehrlich war, fast umbrachten. Der ist auch, seit sie ihm in der Schule das Rückgrat gebrochen haben, immer unterm Rad geblieben."

Hermann Hesse: Brief vom 25.11.1904, in: Gesammelte Briefe. Band 1.
© Suhrkamp Verlag, Frankfurt 1951

2. „Zwischen Bremen und Neapel, zwischen Wien und Singapore habe ich manche hübsche Stadt gesehen, Städte am Meer und Städte hoch auf Bergen, und aus manchem Brunnen habe ich als Pilger einen Trunk getan, aus dem mir später das süße Gift des Heimwehs wurde.
Die schönste Stadt von allen aber, die ich kenne, ist Calw an der Nagold, ein kleines, altes, schwäbisches Schwarzwaldstädtchen.
[...] vor dreißig Jahren, da saß hinter all diesen vielen Fenstern kein Mädchen und kein Mann, keine alte Frau, kein Hund und keine Katze, die ich nicht gekannt hätte. Über die Brücke lief kein Wagen und trabte kein Gaul, von dem ich nicht wußte, wem er gehöre. Und so kannte ich alles, die vielen Schulbuben und ihre Spiele und Spottnamen, die Bäckerläden und ihre Ware, die Metzger und ihre Hunde, die Bäume und die Maikäfer und Vögel und Nester darauf, die Stachelbeersorten in den Gärten.
Daher hat die Stadt Calw diese merkwürdige Schönheit. Zu beschreiben brauche ich sie nicht, das steht in fast allen Büchern, die ich geschrieben habe. Ich hätte sie nicht zu schreiben brauchen, wenn ich in diesem schönen Calw sitzen geblieben wäre. Das war mir nicht bestimmt.
Aber wenn ich jetzt (wie es bis zum Krieg alle paar Jahre einmal geschah) wieder eine Viertelstunde auf der Brückenbrüstung sitze, über die ich als Knabe tausendmal meine Angelschnur hinabhängen hatte, dann fühle ich tief und mit einer wunderlichen Ergriffenheit, wie schön und merkwürdig dieses Erlebnis für mich war: einmal eine Heimat gehabt zu haben! Einmal an einem kleinen Ort der Erde alle Häuser und ihre Fenster und alle Leute dahinter gekannt zu haben! Einmal an einen bestimmten Ort dieser Erde gebunden gewesen zu sein, wie der Baum mit Wurzeln und Leben an seinen Ort gebunden ist. Wenn ich ein Baum wäre, so stünde ich noch dort.
[...] Jetzt habe ich hie und da eine Nacht Heimweh nach Calw. Wohnte ich aber dort, so hätte ich jede Stunde des Tages und in der Nacht Heimweh nach der schönen alten Zeit, die vor dreißig Jahren war und die längst unter den Bogen der alten Brücke hinweggeronnen ist. Das wäre nicht gut. Schritte, die man getan hat, und Tode, die man gestorben ist, soll man nicht bereuen.
Man darf nur zuweilen einen Blick dort hineintun, durch die Ledergasse schlendern und eine Viertelstunde auf der Brücke stehen, sei es auch nur im Traum, und auch das nicht allzu oft."

Hermann Hesse: Heimat (1918), in: Gesammelte Werke. Band 3.
© Suhrkamp Verlag 1970, S. 932f.

3. „Je mehr das Alter mich einspinnt, je unwahrscheinlicher es wird, daß ich die Heimat der Kinder- und Jünglingsjahre noch einmal wiedersehe, desto fester bewahren die Bilder, die ich von Calw und von Schwaben in mir trage, ihre Gültigkeit und Frische. [...] diesen Bildern bin ich zeitlebens treu und dankbar geblieben, sie haben mich und mein Weltbild formen helfen, und sie leuchten mir heute noch inniger und schöner als je in der Jugendzeit."

Hermann Hesse: Gerbersau. Tübingen 1949, Vorwort

Zu 2. und 3.:
- *Beschreibe das Verhältnis von Hesse zu seiner Heimatstadt. Inwieweit ist diese Beziehung positiv, inwieweit negativ?*
- *Verdeutliche dir, wie „das kleine Schwarzwaldnest" (8) in* Unterm Rad *dargestellt wird.*
- *Zeige, wie sich Hesses Verhältnis zu seiner Heimatstadt in dieser Darstellung widerspiegelt.*

---
* gemeint ist Hesses Bruder Hans

Hermann Hesse – Dichter des „Selbst"

1. „Eine neue Dichtung beginnt für mich in dem Augenblick zu entstehen, wo eine Figur mir sichtbar wird, welche für eine Weile Symbol und Träger meines Erlebens, meiner Gedanken, meiner Probleme werden kann ... Beinahe alle Prosadichtungen, die ich geschrieben habe, sind Seelenbiographien, in allen handelt es sich nicht um Geschichten, Verwicklungen und Spannungen, sondern sie sind im Grunde Monologe, in denen eine einzige Person, eben jene mythische Figur, in ihren Beziehungen zur Welt und zum eigenen Ich betrachtet wird."

Aus: Hermann Hesse: Eine Arbeitsnacht; in: Gesammelte Werke, Band 7. © Suhrkamp Verlag, Frankfurt 1970, S. 303.

2. „[...] das Buch enthielt doch ein Stück wirklich erlebten und erlittenen Lebens, und solch ein lebendiger Kern vermag zuweilen nach erstaunlich langer Zeit und unter völlig andern, neuen Umständen wieder wirksam zu werden und etwas von seinen Energien auszustrahlen. Das habe ich nun [...] überraschend erlebt. ‚Unterm Rad' war kürzlich ins Japanische übersetzt worden, und nun traf ein schöner und rührender Brief von einem jungen Leser ein, ein etwas überschwenglicher Jünglingsbrief, in ziemlich gutem Deutsch abgefaßt, und erzählte mir, daß der verschollene schwäbische Hans Giebenrath drüben in Japan wieder einem jungen Menschen zum Kameraden und Tröster geworden sei. Ich lasse die schmeichelnden und überschwenglichen Sätze weg, dann lautet der Brief wie folgt: „Ich bin Gymnasiast in Tokyo. Ihr Werk, das ich als erstes gelesen habe, ist der Roman ‚Unterm Rad'. Vor einem Jahr habe ich ihn gelesen. Ich dachte damals sehr ernst an die Einsamkeit, und ich war wie Hans Giebenrath in einem verwirrten Seelenzustand. Ich hatte dasjenige Werk aus vielen gesucht, das meinem Seelenzustand entsprechen würde. Es war nicht zu beschreiben, wie groß meine Freude war, als ich Ihre junge Gestalt in jenem Roman fand. Ich denke, daß Sie niemand verstehen würde, solange er kein gleiches Erlebnis hatte. Seit jener Zeit lese ich weiter Ihre Werke. Je mehr ich sie lese, desto tiefer finde ich mich selbst in ihnen. Nun glaube ich fest, daß derjenige, der mich am besten versteht, in der Schweiz ist und mich immer ansieht. Bitte schützen Sie sich und bleiben Sie gesund." Was ich [...] als Roman zu verobjektivieren versucht hatte, es war nicht gestorben und untergegangen, es hatte ein halbes Jahrhundert später, noch durch die Übersetzung ins Japanische hindurch, zu einem auf dem Weg zu sich selbst kämpfenden und gefährdeten jungen Menschen gesprochen und ihm ein Stück dieses Weges erhellt."

Aus: Hermann Hesse: Begegnungen mit Vergangenem, 1953. In: Gesammelte Werke. Band 10. © Suhrkamp Verlag, Frankfurt 1970, S. 352ff.

3. „Finden Sie nichts davon [gemeint sind: Lebensgrundsätze], so werfen Sie meine Bücher fort. Finden Sie etwas, so suchen Sie von dort aus weiter."

Aus: Hermann Hesse: Brief an einen Leser. In: Gesammelte Schriften. Band 7. Frankfurt/Main: Suhrkamp, S. 502.

Zu 1.:
- *Benenne in wenigen Worten, wie* Unterm Rad *Hans' „Beziehungen zur Welt und zum eigenen Ich" darstellt.*
  Wie wird zwischen diesen beiden Bereichen vermittelt?
  Konkretisiere deine Ausführungen an einem Textbeispiel.

- *Wie würdest du den Begriff „Seelenbiografie" umschreiben oder „übersetzen"?*
- *Warum kann* Unterm Rad *als „Seelenbiografie" bezeichnet werden?*

Zu 2.:
- *Nimm Stellung zum Brief des Gymnasiasten aus Tokyo.*
- *Inwieweit kannst du seine Haltung nachvollziehen?*
- *In welchem Maße findest du dich selbst in* Unterm Rad?
- *Was bedeutet es deiner Meinung nach, wenn Hesse schreibt, dass ein Mensch „auf dem Weg zu sich selbst" ist?*

Zu 3.:
- *Welchen Lebensgrundsatz/welche Lebensgrundsätze findest du persönlich in* Unterm Rad?
- *Entscheide dich für denjenigen, der dir am wichtigsten ist.*
- *Wie wird dieser Lebensgrundsatz in der Erzählung vermittelt?*
- *Was bedeutet Hesses Aufforderung „[...] so suchen Sie von dort aus weiter" für dich und deine* Unterm Rad*-Lektüre ganz konkret?*

Emil Strauß – Freund Hein

Roman, 1902 (Auszug)

Was Heinrich in den letzten Jahren mit langsam, doch stetig wachsender Gewalt gegen sich herandringen gefühlt und was er eben noch mit Anspannung aller Kraft überwältigt hatte, das trat in dem nun folgenden Schuljahr mit plumper Unwiderstehlichkeit vor ihn hin. Schon an Weihnachten erkannte er klar, dass er die Forderungen der Klasse nicht werde erfüllen können, und sagte es seinem Vater. Dieser sah eine Weile den niedergeschlagenen Sohn an, legte ihm dann freundlich die Hand auf die Schulter und sprach ihm, hin und her gehend, Mut zu: Es scheine manchmal etwas unüberwindlich, wenn man aber nur unverdrossen weiterarbeite, so gebe es plötzlich auf einen Ruck nach, und man wundere sich nachher selbst darüber, dass man eine Zeitlang so kleinmütig gewesen sei; er solle nur ruhig fortfahren, nach Kräften zu studieren, es werde schon recht werden.

Er tat es. Er beschränkte seinen Verkehr auf das Allernötigste. Wohl nahm er von Zeit zu Zeit, um zu zeigen, dass er der alte gute Kamerad sei, an einer heimlichen Kneiperei teil; aber es war ein Selbstzwang, keine Lust, es war ein großes Opfer, das er in dem vollen, schmerzlichen Bewusstsein brachte, dadurch die wenigen Stunden, die er der Musik widmen konnte, die einzigen Stunden, die für ihn Leben und Gegenwart bedeuteten, auf blöde Art zu verscherzen.

Er nahm sogar Nachhilfeunterricht, obschon er ihn für zwecklos hielt. Er brachte eben in die Schule einen mehr und mehr schulwidrigen Kopf mit: Las man Homer, so war seine Fantasie erfüllt von der griechischen Heroenwelt, so horchte er auf den Geist und schaute auf die Schönheit des Gedichtes, rhapsodierte stürmisch über μεν und δε[1] und noch wichtigere Partikeln hinweg, achtete nicht auf die tiefe Bedeutung des Participii Perfecti, kurz, er vergaß vollständig, dass Homer vor allem dazu gedichtet habe, um dem germanischen Jüngling mit jedem Worte die Anwendung einer grammatikalischen Regel und die Eigentümlichkeiten des jonischen Dialektes zu zeigen. Seine griechischen Stilübungen fielen immer mehr so aus, dass der Professor eines Tages bei Rückgabe der Hefte den niedlichen Witz machte, Heiners griechischen Leistungen erginge es wie dem Pharao, als er den Juden nachsetzte, sie ersöffen im Roten Meer. Im Vergleich zu seiner mathematischen Müh und Pein aber erschienen ihm nicht nur die zwölf Arbeiten des Herakles, sondern auch die des Sisyphos, der Danaiden und die Qual des Tantalos als kleine Schikanen, die wenigstens verdient waren; während ihm unerklärlich blieb, wodurch er sich diese Schinderei auf den Hals gezogen habe, es sei denn durch das Vorhandensein, durch das Leben schlechtweg.
In Quarta hatte er ja als Beispiel für den Dativus commodi auswendig lernen müssen: „Non scholae, sed vitae discimus: nicht für die Schule, sondern für das Leben lernt man!" Dieses Sätzchen fiel ihm manchmal ein und klang ihm immer orakelhafter: Was mochte mit den paar „vita" oder „Leben" ausgesprochenen Buchstaben geheimnisvoll verdeckt oder betrügerisch etikettiert sein, Unheimliches, Bösartiges, das man mit mathematischen Formeln und Lehrsätzen versöhnen musste!

Winter und Frühjahr hindurch arbeitete er noch mit der gleichen Anspannung, die er jeden Morgen aufs Neue hinaufschraubte; nach Pfingsten aber kam er eines Tages nach Hause und sagte, zwar niedergeschlagen, doch fast mit Befriedigung, nun sei es sicher, dass er sitzenbleiben müsse, nun könnten ihn auch die besten Schlussarbeiten nicht mehr vor der Note 4 in Trigonometrie, Algebra und griechischem Stil retten. Der Vater war trotz aller Vorzeichen überrascht, und wenn es auch seine Vatereitelkeit kränkte, dass sein Sohn zurückbleiben musste, so war doch sein Bedauern für diesen zunächst das stärkste Gefühl, das ihn bewegte; denn er hatte Heiners ausdauerndem Fleiße zugesehen und konnte ihm nichts vorwerfen.

„Drei Vierer", sagte er, „ist freilich zu viel auf einmal; aber das ist schon manchem passiert, der kein Esel war. Nur den Kopf nicht hängen lassen!"
Diese Antwort schlug aber den Jüngling erst recht nieder. Im Bewusstsein, nichts versäumt, sondern das Mögliche getan zu haben, war ihm das Misslingen als überzeugender Beweis dafür erschienen, dass er zu diesem Studiengang nicht bestimmt sei, und er hatte nun die Erlösung von dieser Qual und Zeitvergeudung erhofft; aus des Vaters Worten jedoch entnahm er die geduldige Entscheidung: Was nicht auf den ersten Anlauf glückt, das muss auf den zweiten gehen! Immerhin hoffte er noch auf die unmittelbare Wirkung seines Zeugnisses selbst und nahm sich fest vor, bis dahin möglichst guter Dinge zu sein.

Der Vater war bei sich mit der Sache nicht so schnell fertig, wie es dem Sohne schien. Als einer, dem die Mathematik nie die geringste Schwierigkeit gemacht hatte, hielt er sie von jeher eigentlich für das unbedingt Erlernbarste und nichts weiter zu ihrer Bewältigung für nötig als ein normales Maß von

---
[1] griechisch: *wirklich* und *aber*

Verstand sowie Aufmerksamkeit. Sie hatte ja noch den Vorzug, dass sie sich nicht auf Gedächtnisarbeit erhob, wie etwa die Sprachen, sondern einfach auf dem Verstande, und dass, abgesehen von den paar Axiomen, die an sich verständlich, alles wunderbar schön klar und logisch zu beweisen und abzuleiten war! Im Grunde war er der Meinung so vieler, wohl der meisten mathematischen Köpfe, dass man dumm oder faul sein müsste, um sie nicht zu bewältigen. Für dumm konnte er seinen Sohn nicht halten, dass er fleißig sei, sah er, zudem lag es ja in Heiners Interesse, die Schule ohne unnötigen Aufenthalt hinter sich zu bringen – es musste also ein verborgener Grund der schlechten Leistungen vorhanden sein! Er hatte sich all die Jahre her gehütet, Heiners Professoren über diesen zu befragen, da er wusste, dass es als ein demütigendes Misstrauensvotum vom Schüler empfunden wird, wenn „der Alte zum Professor steigt"; nun aber benutzte er ein zufälliges Zusammentreffen mit dem Mathematikprofessor zur Erkundigung.

Dieser war ein lebendiger, strebsamer Mann, der seinen mathematischen Beruf einstens dadurch hinlänglich bewiesen hatte, dass er als Student bei dem Versuch, die dickbändige Logarithmentabelle von Vega auswendig zu lernen, übergeschnappt war. Ein gewöhnlicher Mensch kommt nicht auf solchen Einfall, schnappt bei dem Versuch nicht über und hat endlich nicht die Energie, bald wieder dauernd gesund zu werden. Nun war er bei weitem der tüchtigste und erfolgreichste der drei Mathematiker des Gymnasiums. Nicht nur, dass er seinen Gegenstand mit Haut und Haaren verdaut hatte, er besaß auch die beneidenswerte Gabe, ihn klar und einfach auf neue, unmittelbare, reizvolle Weise den Schülern lebendig zu machen; wer auch nur einige mathematische Fühlung hatte, der kam unter dieser Anleitung ohne große Mühe zu den nötigen Kenntnissen. Nun aber war der Herr auf der anderen Seite vorwärtsdrängend, ungeduldig, heftig, und ohne dass er es wohl selbst wusste, war ihm nicht der Schüler und dessen Bedürfnis, sondern das zu absolvierende Jahrespensum die Hauptsache. Er war nicht ohne Wohlwollen; aber wer nicht gut mitkam, dem warf er feindselige Blicke und höhnisch verwundende Bemerkungen zu, die durch eine gelegentlich zur Schau getragene Lammsgeduld in der verletzenden Wirkung nur noch überboten wurden. Er war wohl nicht so verrannt oder beschränkt, dass er Mathematik zu wissenschaftlicher Bildung für nötig hielt; aber er betrachtete sie wohl auch als etwas bei einigem Verstande absolut Erlernbares, jedenfalls war sie für ihn die Hauptsache, jedenfalls musste er sein Jahrespensum bis zum letzten Tupfen in die Köpfe bringen, und darum schrie er die Schwerfälligen, schräg durch die Brille schauend, rücksichtslos und unerbittlich an:

„Wenn Sie nicht wollen, was sitzen Sie hier? Merken Sie denn nicht, dass Sie uns alle aufhalten? Sagen Sie doch Ihrem Vater, Sie w o l l t e n nicht! Sparen Sie das Geld! Das Handwerk hat einen goldenen Boden!"

Er sah nicht, dass der Schüler sich mühte, sich schlug und krümmte wie eine Raupe, die lebendigen Leibes von den Ameisen gefressen wird – dass er im Übrigen fleißig und strebsam war!

So sagt er nun auch zu dem Advokaten, er könne Heiners schlechte Leistungen nur einem Mangel an Fleiß zuschreiben; denn er sei schon manchmal überrascht und erstaunt gewesen über die klare und schnelle Auffassung, die der Schüler mitten in seinen ungenügenden Antworten plötzlich einmal an den Tag legte, und zwar in ganz unbewusster Weise, ohne selbst den Unterschied zu merken. Die Fähigkeiten des jungen Menschen seien nicht zu bemängeln, sondern geradezu gut; offenbar fehle der Fleiß, und zwar der ernste Fleiß. Die Aufgaben habe er ja immer gemacht, aber wie! Ersichtlich nur, damit etwas auf dem Papier stände. Es seien Schüler in der Klasse, die bei weitem nicht wie Heiner begabt, doch durch ihren regelmäßigen Fleiß die Note „Gut" hätten. Dasselbe müsste für Heiner eine Kleinigkeit sein.

Der Professor hatte damit eine richtige Beobachtung oberflächlich und übereilt erklärt und zu entsprechenden Schlüssen zurechtgezwungen. Er liebte es nämlich, den abstrakten Unterricht fortwährend durch Beispiele aus der Praxis zu beleben; kam er nun mit einer derartigen, die anschauliche Vorstellungskraft angehenden Frage zufällig einmal an Heiner, dessen Fantasie stark und durch die künstlerischen Neigungen und das innige Verhältnis zur Natur allezeit frisch und lebendig erhalten worden war, so bekam er wohl auch, wo andere Schüler versagten, eine rasche und klar anschauliche Antwort. Statt nun daraus zu schließen, dass des Schülers Begabung auf dieser Seite liege und entsprechend angegriffen werden müsse, sagte er kurzweg: „Da sieht man, dass der Kerl kann, wenn er will!" und urteilte künftig immer schärfer.

Der Vater hörte zwar auch lieber, sein Sohn sei begabt und faul, als dumm und fleißig, konnte aber dem Urteil des Lehrers aus eigener Erfahrung nicht beistimmen und erwiderte: Er kenne seinen Sohn als fleißig und gewissenhaft, sehe auch, dass er fortwährend gerade auf die Mathematik besonders viel Zeit und Mühe verwende, überhaupt seine Pflichten ernster und schwerer nehme, als in diesem Alter gewöhnlich sei, er stehe an, jene Erklärung zuzugeben.

Der Professor runzelte seine steile, hohe, rote Stirn, zuckte mit den Schultern und sprach:

„Es sitzt mancher stundenlang über einer Arbeit, die er bei konzentrierter Aufmerksamkeit in zwanzig Minuten fertig hätte! Wer weiß, woran Ihr Filius die meiste Zeit hindurch denkt, wenn er ins Mathematikbuch schaut! Er soll ein leidenschaftlicher Musikus sein – vielleicht verdirbt ihm die Musik das Konzept! Wie dem aber auch sei, mit seiner Intelligenz müsste er ganz anderes leisten, und versetzt werden kann er diesmal nicht. – Nun", fügte er tröstend hinzu, „es wird dann im zweiten Jahr umso besser gehen! Und es ist manchmal bei so einem Jüngling von der wohltätigsten Wirkung, wenn er fühlen muss, dass auf A B folgt!" Bei sich aber dachte er noch: Es ist lächerlich! Jeder meint, SEIN Früchtchen müsste ein Ausbund von Tugenden sein! Wozu belästigen sie einen denn noch mit ihren Fragen! –

Zwar unbefriedigt, doch um den eigensinnigen Schulmeister nicht zu reizen, kam Heiners Vater auf etwas anderes zu sprechen, kehrte aber später bei sich umso nachdenklicher zu der erhaltenen Auskunft zurück und ließ sich, da der Lehrer für seine Einsicht und Tüchtigkeit allgemein in besonderer Geltung stand, er selbst aber an des Sohnes Unfähigkeit nicht glauben wollte, sich auch gut an die Arbeitsnot der eigenen Studienzeit erinnerte, allmählich zu dem Glauben verführen, die Meinung des Mathematikers möchte doch nicht gar so verkehrt sein. Zu Heiner sprach er einstweilen noch nicht davon.

Als dieser sechs Wochen später beim feierlichen Schlussaktus, zu dem das ganze Gymnasium in der Aula versammelt war, den Ordinarius unter denen, die nicht versetzt wurden, auch Heinrich Lindner nennen hörte, erschrak er, solange er es ja auch schon wusste, tief in sich hinein und fühlte zum ersten Male die unbegreifliche, feindselige Gleichgültigkeit des Lebens in ihrer ganzen eisigen Kälte. Hier saß er im Bewusstsein, seiner Pflicht ernst und ehrlich bis zur Grenze der Kraft nachgegangen zu sein, und dort las man unbekümmert, als ob es sich um eine alte Kuhhaut handelte, das Urteil ab, mit dem man ihm eines seiner fünfzig oder sechzig Lebensjahre wie eine liederliche Arbeit zerriss, um die Ohren schlug und vor die Füße warf. Wohl hatte er immer die Schüler bedauert, auch wenn sie faul waren, deren Schicksal er auf diese Weise hatte verkünden hören – dass es so fürchterlich sei, so barbarisch roh, das hatte er noch nie gefühlt. Er schaute zur Seite nach seinen Schicksalsgenossen: Einer stand steif da mit erzwungenem Lächeln und blickte nach dem Podium hin, als ob ihn dieses nichts anginge und als ob er sich durch diese Miene unsichtbar machen könnte, ein anderer blinzelte krampfhaft, um die Tränen zu unterdrücken. Wäre Heiner in der Nähe einer Tür gewesen, so würde er sich einfach davongemacht haben; er sah aber um sich herum eine so dichte Menge, dass er sich mit dieser Regung gerade so ohnmächtig fühlte wie gegen das ganze gymnasiale Wesen überhaupt. Er dachte wieder an die Verkündung seines Urteils und murmelte in sich hinein: „So sieht sie also aus, die saeva necessitas, so hundsgemein!" Und die Worte „dira necessitas, saeva necessitas" wiederholten sich in ihm wider seinen Willen, bis die Klasse zum Empfang der Zeugnisse in ihr Zimmer abgeführt wurde. Hier ward ihm ein unerwarteter Trost. Als der Ordinarius an Heiners Zensur kam, schlug er sie auf, neigte sein etwas schiefes Gesicht mit dem Ausdruck ernsten Bedauerns, sah sie noch einmal durch und sagte teilnehmend:

„Sie werden sich wundern, dass Sie im griechischen Stil ,Noch genügend' haben, während Sie ,Vier' erwarteten. Ich hätte Sie gerne versetzt, habe auch in der Konferenz sehr dafür gesprochen; aber der Herr Kollege meinte, Ihre mathematischen Leistungen erlaubten es durchaus nicht. Dagegen kann ich natürlich nichts machen. Sie haben ja auch im Griechischen entschiedene Lücken, Ihre schriftlichen Arbeiten sind nichts Berühmtes, und bei der Lektüre gehen Sie sehr irregulär zu Werk; aber weil Sie eben in den Geist der Autoren mit Glück und ungewöhnlich reifem Verständnis eindringen, darum hätte ich Sie gern nach Prima befördert; Philologe oder Mathematiker wollen Sie ja doch nicht werden! Wir wissen, dass wir hier manchen versetzen müssen, der im Allgemeinen" – er ließ seinen Blick mit einer gewissen Bitterkeit über die Klasse kreuzen – „an Vernunft und menschlicher Reife Ihnen gegenüber noch auf dem Standpunkte des Tertianers steht! Aber wir müssen eben nach den Detailkenntnissen gehen, so schwer es uns manchmal werden mag! Nehmen Sie es sich nicht zu sehr zu Herzen!"

Heiner war tief beschämt, aber er lachte mit feuchten Augen und zitternden Lippen, und als ihm der Lehrer sein Heft hinstreckte, nahm er es mit der Linken, gab ihm mit festem, ernstem Blick die Rechte und sprach:

„Ich danke Ihnen, Herr Professor!"

„Wenn wir im nächsten Schuljahr wieder zusammenkommen", sagte dieser, „wollen wir uns wieder gut vertragen!" und wandte sich zu andern. Heiner hörte nicht weiter zu; er fühlte sich dadurch gedemütigt, dass der Lehrer, dessen Teilnahme und Freundlichkeit er wohl kannte, ihm so unmittelbar auf seine Empörung, fast als Antwort, solche Güte bewiesen und gezeigt, er, der Lehrer, müsse derselben Notwendigkeit weichen, die der Schüler zu fühlen hatte. Er freute sich auch ein wenig über die ungewöhnliche Anerkennung, durch welche sich der Lehrer doch argen Missdeutungen aussetzte; wurde aber wieder von seiner Trostlosigkeit übermannt, und seine Gedanken mühten sich ab gegen die eigene Ohnmacht.

Als er dann nach der Entlassung vors Haus trat, überkam ihn plötzlich das Verlangen, wieder einmal mitten im Wald auf einen hohen Baum zu klettern und im leisen Schwindel des Schwankens und Wiegens über das sonnige Meer der Wipfel hin und nach den fernen Bergen hinaufzuschauen. Er wandte sich zum Wald, kehrte aber nach wenigen Schritten um: Vielleicht war der Vater zu Haus und wartete auf das Zeugnis! Vielleicht – – vielleicht sagt er nun, es sei genug! Bei dieser plötzlichen Hoffnung fing dem Burschen das Herz an, heiß und wonnig zu klopfen, und er eilte. Aber der Vater war nicht zu Hause, und als er nach langem Warten Heiners, der vor Aufregung nichts hatte beginnen können, endlich heimkehrte, nahm der die Unglücksbotschaft mit Ruhe hin und sagte: Zum Streben durch Gelingen und Misslingen, Glück und Unglück sei man auf der Welt, ein Jahr, in irgendeiner ernsten Arbeit verbracht, sei nie verloren, oft erweise sich ein Misserfolg, so schmerzlich er sei, hinterdrein wertvoller als der Erfolg – erzählte ihm schließlich aber auch seine Unterredung mit dem Mathematikprofessor und dessen Meinung. Da lachte der Sohn bitter auf, rief, eine Lieblingsphrase des Mathematikers gebrauchend:

„Ja, der hat den Witz erfasst!" und setzte zornig hinzu: „So eine Bockmelkerei! Der hält mich für so dumm, dass ich Stunden um Stunden mit Algebra vertrödle, ohne dabei zu sein! Ist denn seine abgeschmackte Algebra mein Fressen? Was er mit jenen auffallend guten Antworten meint, das weiß ich nicht; gewiss ist aber, dass ich noch nie eine rein mathematische Frage ohne Mühe beantwortet habe. ‚Er fasst's, er kapiert's!' – Freilich! ein Hornvieh bin ich nicht! Ich kapier' es schließlich, ja! Aber nur so, wie der Trichter das Wasser fasst: Einen Moment lang erscheint er voll, im nächsten ist er leer! Wenn ich heute einen Beweis oder ein Rechnungsverfahren eingeochst habe, dass mir ist, als müsst' ich es noch am Jüngsten Tag im Schlafe können, so ist es übermorgen wie weggeblasen! Wenn ich alle mathematischen Kenntnisse und Übungen, die von der ersten Stunde an, die Jahre her, bis heute vorkamen, Tag für Tag durchrepetieren könnte, d a n n wüsste ich sie – heute! Aber das zu tun, wird auch wohl der Herr Professor für unmöglich halten. Und selbst dann wüsste ich mit den schönen Kenntnissen noch nichts anzufangen!"

© 1982, Jürgen Schweier Verlag, Kirchheim unter Teck

Friedrich Torberg – Der Schüler Gerber (1930)
Auszüge

„Nun, Severin, denken Sie sich einmal den Ofen zum Fenster gestellt. Als welche geometrische Figur können wir ihn betrachten? Mit einiger Phantasie, die Sie hoffentlich haben! Also?"

Severin krümmte sich unter so viel Vertrauen. Er gehörte zu jenen Unbemerkten, die sich, um nur ja kein Aufsehen zu erregen, im allgemeinen sogar des Strebens enthalten. Die Unbemerkten bestanden ihre schriftlichen Prüfungen dank geschicktem Schwindeln, bei den mündlichen rutschten sie mit Glück immer gerade noch durch, und eines Tages wurden sie für reif erklärt. Sie nützten gewöhnlich zu Anfang des Jahres eine günstige Konjunktur aus, und wenn es ihnen da gelang, guten Eindruck zu machen, dann hatten sie vollends ausgesorgt. [...] Severin – bei Schülern seiner Art war das weiter nicht erstaunlich – hatte das Glück, den Anfang der Konstruktion zu beherrschen. Als er dann ins Stocken geriet, griff Kupfer ein, entzündete sich an neuen Komplikationen und führte die Aufgabe selbst zu Ende. Severin sah aufmerksam zu, nickte von Zeit zu Zeit verständnisvoll und wiederholte halblaut einzelne Schlagworte. Es war der normale Hergang des „Fortschreitens im Lehrstoff", bei dem der Schüler die Rolle eines Handlangers spielte. Die anfängliche Sturmgefahr einer Prüfung auf Zensur schien also verweht zu sein. „So." Kupfer legte die Kreide aus der Hand und ließ einen liebevollen Blick über die Tafel gleiten. „War das so schwer, Severin? Na also. Danke, setzen."

Severin wollte gehen, heilfroh.

„Einen Augenblick!" Kupfer griff zum Katalog. „Gut hatten Sie im Vorjahre? Nun" – er trug schmunzelnd eine Notiz ein –, „heute war es bestenfalls Nichtgenügend." (35/36)

Er versucht ein paar Formeln aus dem Gedächtnis herzusagen, integral von x hoch n mal d x ist gleich x hoch n plus 1, x – hoooch – enpluseins, das enpluseins sehr schnell aussprechen, merken Sie sich das, damit man erkennt, daß es zusammengehört, sonst könnte man glauben, es heißt x hoch n – pluseins, und das wäre ein grober Fehler – also, wie ist die Formel? Es wiederholt sie ... aufs schnellste ... derrr ... Gerber! Ja, so machte es Gott Kupfer immer. Da ging er zwischen den Bankreihen auf und ab und nach jedem Wort kam eine endlos lange Pause, er dehnte die Silben zum Schluß, blickte, wenn er sich hinten befand, nach vorn, als wollte er von dort sein Opfer holen, und rief dann plötzlich einen, der ganz wo anders saß, oder tippte dem, neben dem er gerade stand, mit dem Zeigefinger auf die Schulter, und der so Überraschte stotterte natürlich und wußte nichts, selbst wenn er die Formel eben noch fließend memoriert hatte, während der Pausen zwischen Kupfers Worten, Sadistenpausen wurden sie genannt, und einige der guten Schüler, die nichts zu fürchten hatten, machten sich manchmal den Spaß, die Dauer der Sadistenpausen zu stoppen, der bisherige Rekord stand auf 16 Sekunden, das war so gewesen damals: es rechnet ... (8 Sekunden) – im Kopfe ... 12 Sekunden – derrr ... da hatte die Pause also 16 Sekunden gedauert, und dann war Gerald hineingefallen, ja, so machte es Gott Kupfer ... Wie war die Formel doch? (82/83)

Da lagen die großen blauen Hefte und glotzten aus einem einzigen Vierecksauge in die Luft.
Die Schildchen waren schon ausgefüllt. Kurt erkannte Ditta Reinhards steile Schrift (Severin hatte sich also zurückgezogen) und las die Worte, die ihm aus sieben Jahren längst bekannt waren, nur das lateinische Klassenzeichen änderte sich immer, sonst blieb alles: Realgymnasium XVI, *I*. Halbjahr, *VIII*. Klasse, Name: *Gerber Kurt*, Inhalt: *Mathematische Schularbeiten* – kalt war das, gleichgültig ... Kurt schlug das Heft auf, an einer ganz unmotivierten Stelle war wieder das schlechte knallrote Löschblatt zu finden, zwischen den reinen blaukarierten Seiten, eine wie die andere, aufgesperrt, bereit. [...] Kurt ist mitten in die Pause gekommen, er wird nur von wenigen und ganz flüchtig begrüßt, die Oktavaner haben keine Zeit, fieberhafte Unruhe erfüllt den großen Saal. Einige gehen nervös auf und ab, werden grob, wenn man sie anredet, andere kritzeln mit ganz, ganz kleiner Schrift Zeichen und Buchstaben auf schmale Papierstreifen, die meisten flüstern mit geschlossenen Augen Formeln vor sich hin, eindringlich, jeder für sich, und doch alle verbunden, wie Zaubersprüche, wie Gebete. (84)

Da waren nun alle vier Beispiele auf der Tafel angeschrieben, und die starrende Erwartung wurde von übertriebener Geschäftigkeit abgelöst. Jeder wollte zeigen, daß er mit den Aufgaben etwas zu beginnen wisse, sofort, ohne langes Grübeln. Es war nicht gut, sichtbar nachzudenken. Kupfer könnte es merken und Schlüsse daraus ziehen, die entweder falsch gewesen wären oder, was schlimmer war, zutreffend. Darum hieß es tätig sein.
Kurt vertiefte sich in die Angaben, wollte wenigstens den Versuch machen, auf eigene Faust etwas zustande zu bringen. Er gab es bald auf. Kein einziges Beispiel stammte aus einem jener Gebiete, in denen er halbwegs bewandert war. Keine Wahr-

scheinlichkeitsrechnung, keine Differentialquotienten, keine Reihen. Anscheinend lauter Integrale. Und mit denen, das merkte er nach kurzer Betrachtung, wußte er nichts anzufangen.

Er ließ die Blicke umhergehen. Alle arbeiteten, nur Zasche kaute blöden Blicks an seinem Federstiel. Sogar Mertens und Severin und Hobbelmann schrieben eifrig, machten Striche, kritzelten auf dem Holz. Was hatten die nur zu tun? Woher kam ihnen plötzlich diese Regsamkeit? Das war ja beängstigend – ! Auch Weinberg schrieb. Kurt schielte nach seinem Heft hinüber – er konnte nichts sehen. Eine schnürende Furcht, daß ihn der Freund im Stich lassen könnte, überkam ihn. [...] Kurt spannt alle Sinne an – jetzt muß die Hilfe kommen – da neigt sich Weinberg zur Seite – einen kurzen Moment – richtet sich wieder auf – und in halber Entfernung liegt ein ganz kleiner Zettel auf der Bank. Kurt streckt langsam den Arm aus.

Er blickt dabei unverwandt nach Kupfer, um die geringste Gefahr sofort merken zu können. Aber Kupfer hält die Zeitung in ihrer ganzen Größe auseinandergefaltet vor dem Gesicht. Noch ein paar Sekunden, und Kurt ist gerettet –
– sein Arm schiebt sich in kleinen Rucken immer näher an den Zettel –
– nur nicht übereilen, eine hastige Bewegung kann alles verderben, das Lineal kann zu Boden fallen oder sonst was –
– noch eine Sekunde – Kupfer liest noch immer ...
Kurt hat den Zettel in der Hand. Es ist gelungen! Und ebenso langsam wie er ihn geholt hat, zieht er ihn nun an sich. Jetzt ist alles gut. Er wird die Matura bestehen.
Der Zettel liegt vor ihm. Er entfaltet ihn behutsam, hält mit gespreiztem Daumen und Zeigefinger die widerspenstigen Enden nieder. Zwei Beispiele stehen darauf, ganz vollständig, er braucht sie nur in sein Heft zu schreiben – (89–91)

Was besagte es also, daß Kurt eine Woche später [...] unter der Post den berüchtigten „blauen Brief" entdeckte, die portofreie Dienstsache, die den „Eltern oder verantwortlichen Aufsehern" Mitteilung machte, daß der Schüler in der ersten Konferenzperiode aus dem und jenem Gegenstande negativ abgeschnitten hatte? War es gar so schrecklich, wenn der „Tadelzettel" nun doch ins Haus gekommen war?
„Euer Wohlgeboren! In der am *29. Oktober d. J.* stattgefundenen Zensurkonferenz wurde *Gerber Kurt*, Schüler der *VIII.* Klasse am Realgymnasium XVI, wegen vollkommen ungenügender Prüfungsergebnisse in *Mathematik, Darstellender Geometrie getadelt* und wegen mangelhafter Leistungen in *Latein, Naturgeschichte* zu größerem Fleiße *ermahnt*. Überdies erhält derselbe wegen verspäteten Erscheinens zum Unterricht einen *Verweis* und wegen verschiedener gegen die Schulordnung verstoßender Handlungen eine *strenge Rüge*. Hiervon werden Sie lt. Erlaß –" [...] Nach ein paar Proben fühlte sich Kurt genügend sicher. Er setzte den Namenszug „Albert Gerber" auf den punktierten Strich für die „Unterschrift des Vaters (Verantwortlichen Aufsehers)". (94/95)

Die kleinen und großen Tücken der Professoren – jeder hatte seine Spezialität, Riedl zum Beispiel prüfte seit neuestem nur in der Bank, rief halbestundenlang Namen, fragte etwas, und sagte immer im gleichen Tonfall: „Setzen", so daß man nie wußte, ob die Antwort richtig gewesen war, Borchert verlangte die ältesten Dinge plötzlich zur Wiederholung, Niesset veranstaltete unangesagt schriftliche Prüfungen [...] Mattusch [...] prustete mit hochrotem Gesicht drohende Verwünschungen hervor, wenn er jemanden bei einer Unaufmerksamkeit ertappte, wies immer wieder auf den entscheidenden Einfluß gerade der Deutsch-Matura hin: „Asso, das ist ja klar, das ist ja klar, in Deutsch kommt's auf die Grütze an, nichwa, asso da erkennt man ja, ob einer nur büffelt oder Verstand hat, in Deutsch, asso wo denn sonst, nichwa." Die sicherste Beweismöglichkeit von Grütze bestand darin, seinen Vortrag mitzustenographieren und auswendig zu lernen. (99/100 u. 213/214)

Es ist bald ein Uhr. Auf dem Korridor des dritten Stockwerkes herrscht gedämpfte Bewegung. Den Schülern des letzten Jahrganges hat es schon zu lange gedauert, und sie sind hinausgegangen, einer nach dem andern. Nun ist nur noch Dita Reinhard drinnen, die als letzte ihrer Gruppe zu Ende geprüft wird.
Die mündliche Matura am Staatsrealgymnasium XVI hatte begonnen. [...]
Schweiß stand auf seiner Stirne und seine Hand zitterte so heftig, daß er, als Kupfer ihm den Zettel reichte, zweimal danebengriff.
Da saß er nun auf dem einsamen Platz, und der Zettel lag vor ihm, zusammengefaltet, wie er ihn bekommen hatte. Er wagte nicht, ihn zu öffnen.
Schließlich mußte er es doch tun – Gerald war schon mitten im ersten Beispiel.
Kurt überflog die Angaben. Es war fast unheimlich, wie gleichgültig es ihn ließ, daß er sie nicht ver-

stand. „Keine Ahnung", flüsterte er für sich. „Keine, keine Ahnung."

Er sah nochmals auf den Zettel. Natürlich, so hat es kommen müssen. Von Progressionen nicht die Spur, von Flächen zweiter Ordnung, dem anderen Erhofften, auch nicht. Eine Zinseszinsrechnung und eine Konstruktionsaufgabe, die anscheinend algebraisch gelöst werden sollte. Unnütz, überhaupt nachzudenken. Es ist aus. (255 u. 266/267)

So ist das also, wenn man durchfällt. Kurt hat es sich anders vorgestellt, großartiger, außerordentlich. Das hier war kläglich. Die Aufgaben sind nicht schwer gewesen. Er erkannte es selbst. Sein Blick lief die Zeilen des ersten Beispiels entlang, richtig, jetzt sind die Faktoren des Zählers zu logarithmieren – wirklich eine Kleinigkeit – das muß man können, wenn man es auch auf der Universität nicht braucht – (Kurt ballt in plötzlicher Wut die Fäuste) – wenn es auch absurd ist, jemandem die Reife für Jus oder Philosophie abzusprechen, weil er eine Zinseszinsrechnung nicht lösen konnte, zufällig nicht, bei Professor Ruprecht hatte er es immer gekonnt ... aber bestehen blieb, daß zwei einfache Beispiele genügt hatten, um ihn zu Fall zu bringen. (276)

Aus: Friedrich Torberg: Der Schüler Gerber. © Paul Zsolnay Verlag, Wien 1958

(Aus urheberrechtlichen Gründen wird dieser Text nicht in reformierter Schreibung gedruckt.)

Friedrich Torberg – *Der Schüler Gerber* – Filmbilder[1]

---

[1] Die Filmbilder wurden freundlicherweise vom Bayerischen Rundfunk zur Verfügung gestellt.

Zusatzmaterial 13

DER SCHÜLER GERBER

DER SCHÜLER GERBER

Lehrerseufzer *

Einfach vortrefflich
all diese großen Themen:
Der unverzichtbare Umweltschutz,
das Reich Hitlers in Deutschland,
das Ausbleiben der Energie.

Wenn nur die Schüler nicht wären!
Immer und überall stören die Schüler!
Alles bringen sie durcheinander.

Wenn es um die Befreiung der Menschheit geht,
möchten sie in die Disco laufen.
Statt begeistert hinter dem Lehrer denkend
herzutrippeln,
sagen sie: „Wann ist endlich Pause".
Statt um die gerechte Sache
kämpfen sie mit ihrem Kugelschreiber oder mit den
Noten.
Im entscheidenden Augenblick
suchen sie ein Lehrbuch oder das Klo.

Kurz bevor das Energieproblem gelöst wird,
spielen sie Schiffe versenken.

An den Schülern scheitert eben alles.
Mit denen ist kein Staat zu machen.
Ein Sack Flöhe ist nichts dagegen.

Kleinbürgerliche Interessen!
Konsum-Idioten!
Überreste einer kaputten Gesellschaft!

Man kann sie doch nicht alle rausprüfen!
Man kann doch nicht den ganzen Tag auf sie
einmotivieren!
Ja, wenn die Schüler nicht wären,
dann sähe der Unterricht schon anders aus.

Ja, wenn die Schüler nicht wären,
dann ging's ruck-zuck.
Ja, wenn die Menschen nicht wären,
ja dann!

---
* = unbekannter Verfasser

Wladimir Tendrjakow – Die Nacht nach der Entlassung
(1974, Auszüge)

Wie alljährlich begann das Fest programmgemäß mit feierlichen Reden.

Ein Stockwerk tiefer in der Turnhalle wurden Tische geschoben und die letzten Vorbereitungen für das „Bankett" getroffen.

Eben waren sie noch Zehntklässler gewesen, und jetzt sahen sie schon gar nicht mehr wie Schüler aus: Die Mädchen trugen schicke, figurbetonte Kleider, die Jungen Oberhemden in sinnverwirrenden Farben und Krawatten, die ihr plötzliches Erwachsensein gebührend unterstrichen. Und alle genierten sie sich – wie Geburtstagskinder, die sich auf ihrer eigenen Party fremder fühlen als die geladenen Gäste.

Direktor Iwan Ignatjewitsch, ein imponierender Mann mit athletischen Schultern hielt seine pathetische Ansprache: „Vor euch liegen tausend Wege. Sie alle stehen euch offen, aber nicht jeder Weg wird für alle gangbar sein ..."

Iwan Ignatjewitsch nahm sich die Absolventen wie gewöhnlich in der Reihenfolge ihrer Schulerfolge vor. Als Erste kam die unvergleichliche Julja Studjonzewa, die vom ersten Schultag an allen anderen weit überlegen gewesen war: „Sie wird jedem Institut unseres Landes zur Zierde gereichen ..."

Ihr folgte die kleine Kohorte der namentlich aufgerufenen „zweifellos Begabten". Zu ihnen gehörte der baumlange Genka Golikow. Jeder wurde seinen Verdiensten entsprechend gelobt. Als nächste Gruppe hob der Direktor, allerdings ohne Lobesworte, die „selbstständigen Naturen" hervor – eine Formulierung, die sich durch ihre Ungenauigkeit auszeichnete. Der Direktor sprach von „Igor Prouchow und andere". Wer die „anderen" waren, sagte er nicht, setzte es wohl als bekannt voraus. Und schließlich kam er zu „den Übrigen" – sie blieben namentlich ungenannt –, denen „die Schule alles Gute und Erfolg im Leben wünscht". Zu diesen Übrigen gehörten Natka Bystrowa, Vera Sherich und Sokrates Onutschin.

Juletschka, die Anführerin ihrer Mitschüler zu den ersehnten tausend Wegen, war als Rednerin für die Laudatio ausersehen. Wer, wenn nicht sie, hatte der Schule zu danken für all die mit ihrer Hilfe erworbenen reichen Kenntnisse, für die zehnjährige intensive Betreuung, für die unlösliche Verbundenheit mit der Schule, die alle mit so großer Wärme erfüllte.

Sie erhob sich von ihrem Platz, ging nach vorn zum Präsidiumstisch – nicht groß, in weißem Kleid mit einem Mullfichu[1], weiße Schleifen in den Zöpfen, ein halbwüchsiges Mädchen, gar nicht wie eine Schulabsolventin. Das zartgeformte Gesicht trug wie immer jenen Ausdruck strenger Besorgtheit, der selbst für einen Erwachsenen zu streng war. Sie ging hoch aufgerichtet, in ihrer Kopfhaltung lag bescheidener Stolz.

„Mir wurde die Ehre zuteil, eine Rede zu halten. Ich werde sprechen – aber über mich, ausschließlich über mich ..."

Diese Erklärung, von der sich nie irrenden, nie Fehler begehenden Klassenbesten kategorisch ausgesprochen, erstaunte und beunruhigte niemanden. Der Direktor lächelte ermunternd, nickte zufrieden und setzte sich auf seinem Stuhl bequem zurecht. Wovon sollte sie schon sprechen wollen außer von Dankbarkeit, sie, die in der Schule nur Lob geerntet hatte, nur Bewunderung? Die Gesichter der Mitschüler zeigten daher auch bloß das übliche pflichtschuldige, höflich gelangweilte Interesse.

„Liebe ich die Schule?" In ihrer Stimme schwang ein aufgeregter Unterton mit. „Ja, ich liebe sie! liebe sie sehr! ... Wie ein Wolfsjunges seine Höhle ... Und jetzt muss ich meine Höhle verlassen, die Geborgenheit, die Sicherheit. Und vor mir sind plötzlich – tausend Wege! Tausend ...!"

Durch die Aula lief ein schwaches Flüstern. „Welchen soll ich gehen? Diese Frage stellte sich mir schon oft. Immer wieder. Ich habe sie immer wieder beiseite geschoben, mich vor ihr versteckt. Jetzt kann ich mich nicht mehr verstecken. Jetzt muss ich gehen, aber ich kann es nicht, habe es nicht gelernt, weiß nicht wohin ... Die Schule hat mich gezwungen, alles, was *sie* wollte, zu lernen und zu wissen. Nur eins hat sie mich nicht gelehrt: selbstständig zu urteilen, zu wissen, was *mir* gefällt, was ich liebe, was ich selber will. Mir hat manches Spaß gemacht, anderes nicht. Und wenn etwas keinen Spaß machte, dann war es ein bisschen schwieriger, das heißt, man musste sich etwas mehr anstrengen, um die „Eins" zu bekommen, die von der Schule gefordert wurde. Und ich habe der Schule gehorcht und ... und ich wagte nicht, irgendetwas wirklich stark zu lieben ... Jetzt schaue ich mich um, und es kommt mir vor, als liebte ich – nichts! Nichts, außer Mama, Papa und der Schule. Tausend Wege – für mich sind sie alle gleich dunkel, ich kann sie nicht unterscheiden. Sie glauben, ich müsste glücklich sein –. Mir ist schrecklich zu Mute. Ganz schrecklich."

Juletschka hielt inne, blickte unruhig mit ihren wachsamen Vogelaugen um sich und in den schweigenden Saal. Aus der Turnhalle drang das Geräusch der Bankettvorbereitungen herauf.

---

[1] Schultertuch

„Mehr habe ich nicht zu sagen", erklärte sie und ging mit kleinen, zuckenden Schritten auf ihren Platz zurück. [...]

„Ja, ich habe Ihnen etwas verschwiegen. Ich beobachte Sie seit langem und bin zu dem Schluss gekommen, dass Sie, Soja Wladimirowna, durch Ihren Unterricht Unwissenheit geradezu züchten."

„W-w-w-was?"

„Ich bitte vielmals um Verzeihung, aber es ist so."

„Meinen Sie das im Ernst, Olga Olegowna?"

„Sonst würde ich es nicht sagen. Ich werde gleich versuchen, den Beweis dafür anzutreten."

Olga Olegowna bat den Direktor: „Iwan Ignatjewitsch, haben Sie etwas dagegen, wenn ich, um ein Experiment zu machen, Sie einem kleinen Examen unterziehe?"

Der Direktor setzte sich müde auf einen Stuhl; er hatte eingesehen, dass sich dies nicht mehr mit ein paar Beiläufigkeiten abtun ließ. Es galt nun, geduldig einen langen Disput mit anzuhören, eine dieser Wortfehden, die aus gegenseitiger Gereiztheit aufbrachen, stabile Beziehungen gefährdeten, ohne doch zu brauchbaren Resultaten zu führen.

„Erinnern Sie sich, Iwan Ignatjewitsch, wann Gogol geboren ist?" „M-m, gestorben ist er 1842, aber sein Geburtsjahr, du liebe Zeit – das habe ich vergessen."

„In welchem Jahr beendete Lew Tolstoj seinen Hauptroman ‚Krieg und Frieden'?"

„Tja, ich weiß nicht genau. Wenn ich es annähernd ..."

„Nein, ich brauche jetzt nur exakte Antworten. Aber vielleicht können Sie die berühmte Stelle aus Dobroljubows ‚Gewitter' auswendig zitieren, wo er davon spricht, Katerina sei wie ein Lichtstrahl in der zaristischen Finsternis."

„Gott steh mir bei ...!" Kraftlos winkte der Direktor ab.

Und Olga Olegowna wandte sich mit derselben Entschiedenheit wieder Soja Wladimirowna zu:

„Iwan Ignatjewitsch und ich haben Gogols Geburtsdatum vergessen. Warum sollte es im Gedächtnis unserer Schüler haften bleiben? Und gerade aus solchen Kenntnissen bestehen 80, wenn nicht 90 Prozent der Kenntnisse, die Sie, Soja Wladimirowna, gewaltsam den Schülern eintrichtern. Nicht Sie allein, viele von uns. Man braucht aber derartige Daten nicht jeden Tag im Leben, sie sind zum Teil sogar völlig unwichtig, darum vergisst man sie auch. Neunzig Prozent von dem, was Sie unterrichten, wird vergessen. Scheint Ihnen nicht auch, dass das zukünftige Unwissenheit garantiert?"

Soja Wladimirownas Gesicht wurde vor Qual noch runzliger:

„Ich unterrichte also vergebens?", presste sie hervor.

„Das glaubte ich bis vor kurzem auch", erwiderte Olga Olegowna und ließ den Blick, der nichts Gutes verhieß, nicht von Soja Wladimirowna.

„Merkwürdig – und jetzt glauben Sie das nicht mehr?"

„Jetzt bin ich zu der Überzeugung gelangt, dass ein derartiger Unterricht nicht ohne Konsequenzen bleibt. Er hat noch viel schlimmere Folgen als bloße Unwissenheit."

Soja Wladimirowna richtete sich steil auf, begegnete offen Olga Olegownas Blick und wartete.

„Wir unterrichten Instabiles, sich Verflüchtigendes, und das in ganz und gar kategorischer, fast gewaltsamer Form – lern, koste es, was es wolle. Gib deine ganze Zeit, deine ganze Energie, vergiss deine eigenen Interessen. Vergiss, wofür du dich am besten eignest. Ergebnis: Wir züchten Menschen heran, die nicht auf sich selbst achten. Und wenn ein Mensch sich selbst keine Aufmerksamkeit gönnt, wie könnte er es anderen Menschen gegenüber. Das Wissen, mit dem wir unsere Schüler plagen, verfliegt, was bleibt, ist Teilnahmslosigkeit. Schreckt Sie das nicht, Soja Wladimirowna? Mich, ich muss gestehen, erschreckt es über die Maßen."

Wladimir Tendrjakow: Die Nacht nach der Entlassung. © Suhrkamp Verlag Frankfurt, 1974, S. 7–10 u. 43–46

Unterrichtsmodelle

EINFACH DEUTSCH

Ausgewählte Titel der Reihe:

Unterrichtsmodelle Jahrgangsstufen 5 – 7

Antike Sagen	Von Franz Waldherr u. a. 105 Seiten, zahlr. Abb., DIN A4, kart., Best.-Nr. 022320-X
Max von der Grün: Vorstadtkrokodile	Von Franz Waldherr. 40 Seiten, DIN A4, geh., Best.-Nr. 022269-6
Erich Kästner: Emil und die Detektive	Von Kerstin Sterz. 59 Seiten, einige Abb., DIN A4, geh., Best.-Nr. 022399-4
Henning Mankell: Der Hund, der unterwegs zu einem Stern war	Von Kirsten Köster und Verena Löcke. 64 Seiten, einige Abb., DIN A4, geh., Best.-Nr. 022358-7

Unterrichtsmodelle Jahrgangsstufen 8 – 10

Friedrich Dürenmatt: Der Richter und sein Henker	Von Martin Kottkamp und Astrid Staude. 91 Seiten, einige Abb., DIN A4, kart., Best.-Nr. 022415-X
Max Frisch: Andorra	Von Udo Volkmann und Ute Volkmann. 82 Seiten, einige Abb., DIN A4, geh., Best.-Nr. 022329-3
E.T.A. Hoffmann: Das Fräulein von Scuderi	Von Kerstin Prietzel. 76 Seiten, einige Abb., DIN A4, geh., Best.-Nr. 022436-2
Gottfried Keller: Kleider machen Leute	Von Carmen Daldrup und Sandra Greiff-Lüchow. 64 Seiten, einige Abb., DIN A4, geh., Best.-Nr. 022326-9
Friedrich Schiller: Wilhelm Tell	Von Günter Schumacher und Klaus Vorrath. 90 Seiten, DIN A4, geh., Best.-Nr. 022301-3

Unterrichtsmodelle Jahrgangsstufen 11 – 13

Romantik	Von Markus Apel. 155 Seiten, einige Abb., DIN A4, kart., Best.-Nr. 022382-X
Expressionismus	Von Norbert Schläbitz unter Mitwirkung von Katharine Pappas. 141 Seiten, DIN A4, kart., Best.-Nr. 022384-6
Kommunikation	Von Volkrad Wolf. 110 Seiten, DIN A4, kart., Best.-Nr. 022371-4
Bertolt Brecht: Mutter Courage und ihre Kinder	Von Karin Kampa. 103 Seiten, zahlr. Abb., DIN A4, kart., Best.-Nr. 022419-2
Georg Büchner: Woyzeck	Von Norbert Schläbitz. 115 Seiten, einige Abb., DIN A4, kart., Best.-Nr. 022313-7
Johann Wolfgang von Goethe: Iphigenie auf Tauris	Von Michael Fuchs. 104 Seiten, einige Abb., DIN A4, kart., Best.-Nr. 022307-2
Johann Wolfgang von Goethe: Die Leiden des jungen Werthers	Von Hendrik Madsen und Rainer Madsen. 128 Seiten, einige Abb., DIN A4, kart., Best.-Nr. 022365-X
Gotthold Ephraim Lessing: Emilia Galotti	Von Martin Heider. 141 Seiten, DIN A4, kart., Best.-Nr. 022279-3
Gotthold Ephraim Lessing: Nathan der Weise	Von Johannes Diekhans und Luzia Schünemann. 133 Seiten, einige Abb., DIN A4, kart., Best.-Nr. 022285-8
Friedrich Schiller: Kabale und Liebe	Von Gerhard Friedl. 128 Seiten, einige Abb., DIN A4, kart., Best.-Nr. 022306-4
Friedrich Schiller: Maria Stuart	Von Gerhard Friedl. 127 Seiten, einige Abb., DIN A4, kart., Best.-Nr. 022373-0
Bernhard Schlink: Der Vorleser	Von Bettina Greese und Almut Peren-Eckert. 143 Seiten, einige Abb., DIN A4, kart., Best.-Nr. 022350-1
Patrick Süskind: Das Parfum	Von Elisabeth Becker. 121 Seiten, einige Abb., DIN A4, kart., Best.-Nr. 022342-0

Fordern Sie unseren Prospekt zur kompletten Reihe an:
Informationen zum Nulltarif ✆ 08 00 / 1 81 87 87

SCHÖNINGH VERLAG
Postfach 2540 · 33055 Paderborn

Schöningh

E-Mail: info@schoeningh.de
Internet: http://www.schoeningh.de